Wolfgang Constanza

Aprender alemán en 10 días
Curso rápido con un nuevo método

© 2018 Wolfgang Constanza
Editorial: BoD- Books on Demand
Norderstedt, Alemania
ISBN 9783752896138
Portada: El lago de los Cuatro Cantones,
Vierwaldstätter See
Suiza alemana
Foto: Wolfgang Constanza

Índice

Primero día

<u>Transcripción fonética (**TF**) y pronunciación</u>

El alemán distingue los sonidos de vocales cortas de los sonidos de vocales largas. Una vocal es larga cuando se duplica (Meer méér mar), cuando es seguida por una 'h' (Stuhl stuul silla), cuando es seguida por una sola consonante (Tag taag día).
Una vocal es breve cuando es seguida por dos o más consonantes (Bett bét cama).
<u>La sílaba acentuada está subrayada.</u>

<u>Vocales simples</u>

Letra	TF	como la palabra	alemán	TF	español
a	**a**	barco	Ast	**ast**	rama
(breve)					
a	**aa**	madre	Paar	p**aar**	par
(larga)					
e	**e**	proclamen	rosten	<u>ros</u>ten	oxidarse
	è	perro	messen	m<u>è</u>sen	medir
(abierta y breve)					
e	**èè**	mère(francés)	der	d**èèr**	el
(abierta y larga)					
e	**é**	debido	elegant	é<u>le</u>gant	elegante
(cerrada y breve)					
e	**éé**	José	See	s**éé**	lago
(cerrada y larga)					
i	**i**	como en español			
(breve)					

i	ii	salida	Stil	stiil	estilo
(larga)					
ie	ii		Liebe	lii-be	amor
o	o	costa	Oase	oaase	oasis
(breve)					
o	oo	todo	Moor	moor	pantano
(larga)					
u	u	suspiro	Mutter	muter	madre
(breve)					
u	uu	nube	gut	guut	bueno
(larga)					
y	y	yo	Yoga	yooga	yoga
	como 'u' francés		System	systéém	sistema

Vocales modificadas

Las diéresis sobre las vocales se llamen **Umlaut** (um-laut)

ä	è	perro	fällen	fèlen	cortar
ä	èè	mère (francés)	Bär	bèèr	oso
ö	oe	neuf (francés)	können	koenen	poder
ö	oeoe	queue (francés)	hören	hoeoeren	oír
ü	y	'sud' (francés)	Rücken	ryken	espalda
ü	yy	cure (francés)	Düne	dyyne	duna

Diptongos

Los diptongos son combinaciones de dos vocales en la misma sílaba.

ai	ai como ai en baile	Mai mai	mayo
ei		Eisen aisen	hierro
au	au como au en aula	Baum baum	árbol
äu	oi como oi en boina	läuten loiten	tocar
eu		Leute loite	gente

6

Consonantes

b	**b**	embargo	beben	b<u>éé</u>ben	temblar
c	**k**		delante de a,o,u como c en cama		
			kosten	<u>ko</u>sten	costar
	ts		delante de ä, e, i y como **ts** españolas		
			Cent	**ts**ent	céntimo
ch	**j**	bajo	Nacht	na**j**t	noche
	k delante de 's'		Lachs	la**k**s	salmón
d	**d** como la d en aldea		Dame	<u>daa</u>me	señora
g	**g** como la g en gracias		Gans	**g**ans	ganso
ge	**gue** como **gue** en **gue**rra		geben	**guè**ben	dar
gi	**gui** como **gui** in **gui**a		Gipfel	**gui**pfel	kumbre
h	**h**' aspiración, más suave que la j española.				
	h En medio de palabra y al final de un vocablo es muda.				
			Herr	**h**'èrr	señor
			roh	roo**h**	crudo
j	**ll** como **ll** in **ll**egar		jagen	**ll**aguen	cazar
n	**n**	noche	Nacht	na**j**t	noche
ng	**ng** como la **ng** en bo**ng**o				
			bringen	br**ing**en	traer
qu	**kv**		Quelle	**kvè**-lé	fuente
r	**r**	puerta	Tür	tyy**r**	puerta
	rr	jarra	Herr	hè**rr**	señor
s,ss,ß	**s** como la s sorda en santo		lassen	<u>la</u>sen	dejar
	<u>s</u> como la <u>s</u> sonora en Li<u>s</u>boa		Saal	<u>s</u>aal	sala
sch	**sh** como la **sh** inglés en ‚fi**sh**'				
			Fisch	fi**sh**	pescado
<u>sch</u>	<u>**sh**</u> como la g francés en génie				
			Garage	ga<u>ra</u>she	garaje
st	**sht** al inizio de palabra		Stuhl	**sht**uul	silla
	st en medio y al final de palabra				
			rasten	ra<u>st</u>en	descansar
v	**v** como la v en uva		Vase	<u>va</u>a-sé	florero
	f como la f española		Vater	<u>faa</u>-tèr	padre

w	v como la v española	Welt	vèlt	mundo
x	ks como en taxi	Taxi	taksi	taxi
z	ts como ts españolas	zahlen	tsaa-len	pagar

Además, hay una buena manera de aprender la pronunciación:
Si 'Google' traduce un texto en español en un texto en alemán, se puede **escuchar** el texto en alemán.

La pronunciación del alfabeto

A a B béé C tséé D déé E éé F èf G guéé H h'aa
I ii J llot K kaa L èl M ém N én O oo P péé Q
kuu R èr S ès T téé U uu V fau W véé X iks Y
yp-silon Z tsèt

Abreviaturas

E	ejemplo
R	regla
m	masculino
f	femenino
n	neutro
sg	singular
pl	plural
V	parte voluntaria

Por favor aprender las palabras con subrayado en el vocabulario de abrigo a bebida.

Por favor leer el siguiente texto en voz alta. Es de gran importancia: leer, hablar y escuchar el texto al mismo tiempo.

8

El control aduanero / Die Zollkontrolle

Aeropuerto en Múnich
una turista T / funcionario de aduanas F

F Buenos días. Guten Tag (guu-ten taag). Su pasaporte, por favor. Ihren Pass bitte (iiren pas bi-te). El pasaporte está caducado. Der Pass ist abgelaufen (dèèr pas ist ab-gué-laufen).

T He aquí mi tarjeta de identidad. Hier ist mein Personalausweis(hiir ist main pèrso-naalausvais). Este mes he *viajado* por España. In diesem Monat bin ich durch Spanien *gereist*. (in diisem moonat bin ich durch shpaanien gué-raist). Hay algo de nuevo en Alemania? Gibt es etwas Neues in Deutschland (guibt és ét-vas noi-es in doitshland)?

F *No* sé *nada* de nuevo. Ich weiß *nichts* Neues (ich vais nichts noi-es). Tiene algo que declarar? (haa-ben sii ét-vas tsu fèr-tso-len)?

T *No* tengo *nada* que declarar. Ich habe *nichts* zu verzollen (ij haa-be nichts tsu fèr-tso-len).

F Abrir esta maleta! Öffnen Sie diesen Koffer (oef-nen sii dii-sen ko-fèr)! Ahora sé algo de nuevo para usted. Jetzt weiß ich etwas Neues für Sie (llétst vais ich ét-vas noi-es fyyr sii). Ha de *pagar* aduana sobre esto. Sie müssen für das hier Zoll *bezahlen* (sii my-sen fyyr daas hiir tsol bé-tsaa-len).

T Pero esto es un regalo. Aber das ist ein Geschenk (a-bèr daas ist ain gué-shénk).

F Para quién? Für wen (fyyr wéén)?

T Para usted. Für Sie (fyyr sii).

F Muchas gracias. Ich danke Ihnen (iinen).

9

Segundo día

El artículo definido

E El alemán y la española aman la patria.
Der Deutsche und **die** Spanierin lieben **das**
Vaterland.

pl **Die** Deutschen und **die** Spanierinnen lieben
die Vaterländer.

R Hay tres articulos determinados:
El articulo masculino: **der** (dèèr) **R 1**
El articulo femenino: **die** (dii)
El articulo neutro: **das** (daas)
El plural del articulo determinado: **die** (dii).
**El género y el número del artículo dipende
del nombre.**

El artículo indefinido

E Un alemán y una española tienen una cita.
Ein Deutscher (1) und **eine** Spanierin (2)
haben **ein** Rendezvous (3).

pl Deutsche und Spanierinnen haben
Rendezvous.

R Hay dos artículos indeterminados:
El artículo masculino (1) e neutro (3): **ein**
(ain)
El artículo femenino (2): **eine** (aine)
En plural no hay artículo indefinido.

Casos

E Karl le da la rosa a Carmen.
Karl schenkt Carmen die Rose. (1)

R **Nominativo**: Was (vaas) /qué? Wer (vèèr) /
quién? (Karl).

Acusativo: Wen (véén) / a quién? Was (vaas) qué?(la rosa).
Dativo: Wem (véém) / a qué, a quién? (a Carmen).
Genitivo: wessen (vé-sen) / de qué, de quién? El genitivo expresa la posesión. La persona / cosa que posee es para el genitivo.
(1)   En alemán, el dativo es seguido por el acusativo.

Declinación del artículo definido

Tabla 1: <u>Declinación del artículo definido</u>

	N	A	D	G
	N	A	D	G
m	**der**	den	dem	des
f	**die**	die	der	der
n	**das**	das	dem	des
pl	**die**	die	den	der

N nominativo   A acusativo   D dativo
G genitivo
Ver tabla 15, capitolo 10
<u>Regla mnemotécnica</u>:
El padre saluda al hijo en el andén de la estación.
Der Vater begrüßt **den** Sohn (**R 14**) auf **dem** Bahnsteig **des** Bahnhofs. (**S 6**)
La mujer ve la blusa en la ventana de a boutique.
Die Frau sieht **die** Bluse (**R 5**) in **der** Vitrine (**R 11**) **der** Boutique. El niño ve el juguete en el escaparate de la tienda. **Das** Kind sieht **das** Spielzeug in **dem** Schaufenster **des** Ladens.
Los niños ven los juguetes en los escaparates de las tiendas. **Die** Kinder sehen **die** Spielzeuge in **den** (**R 29**) Schaufenstern **der** Läden.

11

Contracciones

Puede formar contracciones de la siguiente manera. La última letra del artículo definido > la última letra de la contracción: an de**m** > a**m** (**R 17**), bei de**m** > bei**m**, in de**m** > i**m** (**R 2**), von dem > vo**m** (**R 31**), zu dem > zu**m** (**R 3**), zu der > zu**r** (**R 4**), an das > an**s**, auf das > auf**s**, durch das > durch**s**, für das > für**s**, in das > in**s** (**R 16**), um das > um**s**.

Declinación del artículo indefinido

Tabla 2: <u>Declinación del artículo indefinido</u>

	N	A	D	G
m	**ein** ein(d)en	ein(d)em		ein(d)es
f	**eine** <u>eine</u>	ein(d)er (**R 13**)	ein(d)er	
n	**ein** <u>ein</u>	ein(d)em		ein(d)es

Regla: El artículo indeterminado si declina de la siguiente manera:
ein + las últimas dos letras del artículo definido. (R 32).
Ver tabla 15, C10

Excepciones: los artículos indefinidos subrayados.
<u>Regla mnemotécnica</u>:

Un hombre pensa: mirando un espejo una mujer ve a una mujer, una chica ve a una chica.
Ein Mann denkt: einen Spiegel (**R 6**) betrachtend sieht <u>eine</u> Frau <u>eine</u> Frau. (**R 10**), sieht <u>ein</u> Mädchen <u>ein</u> Mädchen.

Números cardinales / Grundzahlen

0 null (nul)	100 hundert
1 eins (ains)	101 hunderteins
2 zwei (tsvai)	(h'un-dèrt ains)
3 drei (drai)	200 zweihundert
4 vier (fiir)	(tsvai-h'un-dèrt)
5 fünf (fynf)	1000 tausend (tau-send)
6 sechs (séks)	1000000 eine Million
7 sieben (sii-ben)	(ai-ne mili-on)

8 acht (ajt)
9 neun (noin)
10 zehn (tséén)
11 elf (èlf)
12 zwölf (tsvoelf)
13 dreizehn (drai-tséén)
14 vierzehn (fiir-tséén)
15 fünfzehn (fynf-tséén)
16 sechzehn (sèj-tséén)
17 siebzehn (siib-tséén)
18 achtzehn (ajt-tséén)
19 neunzehn (noin-tséén)
20 zwanzig (tsvan-tsig)
21 einundzwanzig (ain-und-tsvan-tsig)
22 zweiundzwanzig (tsvai-und-tsvan-tsigk)
30 dreißig (drai-sig)
40 vierzig (fiir-tsig)
50 fünfzig (fynf-tsig)
60 sechzig (sèj-tsig)
70 siebzig (siib-tsig)
71 einundsiebzig (ain-und-siib-tsig)
72 zweiundsiebzig (tsvai-und-siib-tsig)
80 achtzig (ajt-tsig)
81 einundachtzig (ain-und-ajt-tsig)
90 neunzig (noin-tsig)

R   Del 13-19: el número + zehn, por ejemplo: Dreizehn. Excepciones: sechszehn > **sechzehn**, siebenzehn > **siebzehn**.
A partir de 21 tomamos la unidad + und + decena por ejemplo: zweiundzwanzig.

V Números ordinales / Ordnungszahlen

Der, die, das

erste	érs-te
zwei **te**	tsvai-te
dritte	dri-te
vier **te**	fiir-te
fünf **te**	fynf-te
sechs **te**	séks-te(**R7**)
siebte	siib-te
achte	aj-te
neun **te**	noin-te
zehn **te**	tséén-te
zwanzig **ste**	tsvantsig-ste

R Los números ordinales del 1 - 19 se forman de la siguiente manera: el número cardinal + la desinenza -te, después de 20 el número cardinal + la desinenza -**ste**.
Excepciones: der/die/das **erste**, **dritte**, **siebte**, **achte**.

V Números quebrados / Bruchzahlen

R Número ordinal + l > número quebrado.
E   dritte + l > ein Drittel, vierte + l > ein Viertel
sechste + l > ein Sechstel (**R7**)
Excepción: ½ **ein halb**

V La fecha

R **Los números ordinales** se usan para la fecha.

E Cuántos tenemos hoy? Den Wievielten haben wir heute (déén vi-<u>fiil</u>-ten <u>h'aa</u>-ben viir <u>h'oi</u>-te)?

Hoy es el 2 de abril. Heute haben wir **den zweiten April** (<u>hoi</u>-te <u>h'aa</u>-ben viir déén <u>tsvai</u>-ten a-<u>pril</u>).

R Para especificar la fecha de un evento, se usa la palabra 'am' (contracción de preposición 'an' + artículo 'der' dativo: an + dem > am). (**R 18**)

E Nací el 2 de abril. Ich bin **am** zweiten April geboren.

R Para indicar el mes y la estación, se usa la palabra '**im**': (in + dem > im).

E En junio / verano. **Im** Juni / Sommer (im <u>iuu</u>-ni <u>so</u>-mer).

Para indicar el año en que indicamos los dos primeros números en números cardinales, luego la palabra 'hundert' y luego los otros dos siempre en números cardinales, por ejemplo:
1999 neunzehn-hundert- neunundneunzig.
Desde el año 2000 en adelante se dice que el número de cuatro dígitos es el número cardinal, por ejemplo:
2016 zweitausendsechzehn.
Hay dos formas de indicar el año, por ejemplo:
2000. Zweitausend oppure im Jahr zweitausend.
Para indicar las fiestas se usa la preposición **an /zu**. En Pascua **an / zu** Ostern (an tsu <u>oo</u>- stèrn).

15

V Qué hora es?

Qué hora es? Wie viel Uhr ist es (vii fiil uur ist és)? o: Wie spät ist es (vii shpèèt ist és)?

Es ist 4.00 vier Uhr (fiir uur) 4.10 zehn Minuten nach vier (tséén mi-nuu-ten naj viir) (1) 4.15 Viertel nach vier (fiir-tel naj fiir) (2) 4.30 halb fünf (h'alb fynf) (3) 4.40 zwanzig Minuten vor fünf (tsvan-tsig mi-nuu-ten foor fynf) (4) 4.45 Viertel vor fünf (fiir-tel foor fynf) 5.00 fünf Uhr (fynf uur).

R 1. Hasta media hora usamos la preposición 'nach' y contamos con respecto a la hora pasada.

2. Un cuarto se llama 'ein Viertel'.

3. Para indicar la media hora contamos con respecto a la hora siguiente.

4. Más allá de la media hora usamos 'vor' y contamos con respecto a la hora siguiente.

Para indicar el horario oficial, la regla es:
Primera hora, después de minutos.
4.10 vier Uhr zehn (fiir uur tséén)

R   Cuando se le preguntó 'a qué hora' o 'cuándo' respondió por **um** + hora (**S 25**)

E   ¿Vienes a qué hora / um wie viel Uhr kommst du?
Vengo a las diez en punto / ich komme **um** zehn Uhr.

16

¿Dónde está la estacion / Wo ist der Bahnhof?

Lugar: Múnich
un turista T, una señora S

T Perdone, señora. Entschuldigung, meine Dame (ént- shul-digung mai-ne daa-me). ¿Dónde está la estación? Wo ist **der** Bahnhof (voo ist dèèr baan-h'oof)?

S En el centro. **Im** Zentrum (im tsén -trum).

T ¿Se puede ir a pie? Kann man zu Fuß gehen (kan man tsu fuus gué-hen)?

S No es posible porque la estación está a una distancia de diez kilómetros. Das ist nicht möglich, weil der Bahnhof 10 Kilometer entfernt ist. (daas ist nicht moeoeg- lij vail dèèr baanhoof 10 kilomééter entfèrnt ist).

T ¿Cómo se va a la estación de tren? Wie kommt man **zum** Bahnhof (vii komt man tsum baanh'oof)?

S Para ir a la parada de autobús tiene que seguir todo recto hasta el semáforo después girar a la derecha y coger la segunda calle a la derecha. Um **zur**Bushaltestelle zu kommen müssen Sie immer geradeaus gehen bis zur Ampel, dann rechts abbiegen und **die** zweiteStraße rechts nehmen (um tsuur bus-haltéshtélle tsu ko-men my-sen sii i-mer guéraade-aus gué-hen bis tsuur am-pel dan rèjts ab-biiguen und dii tsvai-te shtraa-se rèchts néé-men). Para ir a la estación de metro tiene que atravesar esta plaza después seguir todo recto hasta el cruce y girar a la izquierda. Um zur Metrostation zu kommen müssen Sie diesen Platz *überqueren*, dann geradeaus gehen bis zur Kreuzung und links abbiegen (um tsuur métro-shtatsion tsu ko-men my-sen sii dii-sen plats yybèr-kvééren dan geraade- aus gué-h'en bis tsuur kroitsung und links ab-biiguen).

T ¿Qué metro va a la estación? Welche Untergrundbahn fährt zum Bahnhof (vél-je un-tèrgrundbaan fèèrt tsum baanh'oof)?

S Tiene que coger el metro numero U2. Sie müssen die U-Bahn U2 *nehmen* (sii my-sen dii uu-baan u tsvai néé-men).

T ¿Cuántas paradas quedan para la estación? Wie viele Haltestellen sind es bis zum Bahnhof (vii fii-le h'alteshtélen sind és bis tsum baanh'oof)?

S Lo siento; no lo sé. Es tut mir leid; ich weiß es *nicht* (es tuut miir laid ich vais es nijt).

T Muchas gracias. Vielen Dank (viilen dank).

Pregunta 1 (P1): der qué género? **Respuesta 1 (R1):** capítulo 2 (C2)
P2: im qué contracción? **R2:** C2 **P3: zum** qué contracción? **R3:** C2 **P4: zur** qué contracción?
R4: C2 **P5: die** qué caso? **R 5:** C2

Por favor aprender las palabras con subrayado en el vocabulario de bicicleta a comer.

Tercero día

Los sustantivos

E El alemán y la española aman la patria.
. Der **D**eutsche und die **S**panierin lieben das
   Heimatland.
R El sustantivo alemán puede ser:
   masculino (der **D**eutsche)
   femenino (die **S**panierin)
   neutro (das **H**eimatland)
   Todos los sustantivos comienzan con una letra
   mayúscula.

V <u>El género de los sustantivos</u>

<u>Masculino</u>: Personas con sexo masculino. Los
   nombres de los autos.
E El periodista informa la carrera del estudiante
   de doctorando al productor y al presidente.
   Der Journal**ist** berichtet über die Karriere vom
   Doktor**and** zum Fabrik**ant** und Präsid**ent**.
   Sustantivos con el final: **-ist, -and, -ant, -ent**.
<u>Femenino</u>: Personas con sexo femenino. Los nú-
   meros cardinales con un artículo (die Vier).
E Pablo va a la biblioteca, compra un periódico
   y se informa de la posibilidad de curar la
   enfermedad suya a través de la ciencia
   médica.
   Pablo geht in die Bücher**ei**, kauft eine Zeit**ung**
   und informiert sich über die Möglich**keit**,
   seine Krank**heit** durch die medizinische Wissen**schaft** zu heilen.
   Los sustantivos con el final: **-ei, -ung, -keit,
   -heit, -schaft**.

Neutro:

E El niño primero aprende la lengua más tarde las letras.

Das Kind lernt zuerst die Sprache, später die Buchstaben.

R Los jóvenes (das Kind), las lenguas (das Deutsch), las letras (das B)

Los colores (el azul /das Blau)

Los nombres de los metales (el oro / das Gold), los nombres colectivos (el montaña / das Gebirge). Los diminutivos que se forman con el sufijo:-**lein** e -**chen** (la señorita / das Fräu**lein**, la chica / das Mäd**chen**).

V Formas del plural

E Los autos conducen por las calles. Las conductoras ven a través de las ventanas las selvas y los estanques.

Die Autos (1) fahren auf den Straßen (2). Die Fahrerinnen (3) sehen durch die Fenster (4) Wälder (5) und Teiche (6).

R 1 -**s** (Auto > Autos): palabras extranjeras, sustantivos que terminen en -a, -o, -u, -i.

2 -**n** (Straße > Straß**en**): a menudo en sustantivos femeninos.

-**en**: siempre en sustantivos que terminen en -**ei**, -**ung**, -**keit**, -**heit**, -**schaft**.

3 -**nen** (Fahrerin > Fahrerin**nen**) Sustantivos femeninos que terminen en -**in** toman el final -**nen** en el plural..

4 (Fenster > Fenster) ningún final en el plural.

E La señorita lleva una capa. La chica lleva un jersey y un niño en su espalda.

Das Fräu**lein** trägt einen Mantel. Das Mäd**chen** trägt einen Pullover und ein Kind auf

dem Rück**en**.
Ningún final:
siempre en sustantivos que terminen en **-lein,
-chen**
normalmente en sustantivos que terminen en -
el, -er, -en.
5 **-er** (Wald > Wäld**er**)
6 **-e** (Teich > Teich**e**): a menudo en sustantivos de una sílaba.

Sustantivos compuestos

Los sustantivos compuestos se forman juntando
dos o más palabras. Sustantivo + sustantivo:
Brief + Kasten > Briefkasten (buzón), un verbo y
un sustantivo: schlafen + Wagen > Schlafwagen
(coche de literas) (**R8, R25**) un adjetivo y un
sustantivo: halb + Pension > Halbpension (media
pensión) un adverbio y un nsustantivo: zusammen + Abeit > Zusammenarbeit (cooperación).
**El género y la terminación plural es definida
por la ultima parte del sustantivo compuesto:**
Der Eintritt + **die** Karte > **die** Eintrittskarte, die
Eintrittskarte**n**.

V Nombres de profesion

R *Profesion masculino* + **-in** > *profesion feme-
nina.*
E   Journalist + **-in** > Journalist**in**.
Algunas denominaciones de profesion mascu-
linas y femeninas terminan en **-mann** o **-frau.**
E   Geschäfts**mann** (hombre de negocios),
Geschäfts**frau** (mujer de negocios).
El plural de esos sustantivos se forma con la
palabra básica **-leute**: die Geschäfts**leute** (los
negociantes)

Días de la semana

lunes	Montag	mon-taag
martes	Dienstag	diins-taag
miércoles	Mittwoch	mit-voch
jueves	Donnerstag	do-nèrs-taag
viernes	Freitag	frai-taag
sábado	Samstag	sams-taag
domingo	Sonntag	son-taag

Meses

enero	Januar	lla-nuar
febrero	Februar	fé-bruar
marzo	März	mèrts
abril	April	a-pril
mayo	Mai	mai
junio	Juni	iuu-nii
julio	Juli	iuu-lii
agosto	August	au-gust
septiembre	September	sep-tém-ber
octubre	Oktober	ok-too-ber
noviembre	November	no-fém-ber
diciembre	Dezember	dé-tsém-ber

Temporadas

primavera	Frühling	fryy-ling
otoño	Herbst	h'èrbst
verano	Sommer	so-mer
invierno	Winter	vin-ter

La huelga / Der Streik

Estación en Múnich
un turista T, un empleado E

T (*delante de la ventanilla / vor dem Schalter*)
A qué hora sale el tren para Berlin? Um wie
viel Uhr fährt der nächste Zug nach Berlin
(um vii fiil uur fèèrt dèèr nèk-ste tsuug nach
bèr-liin)?

E No lo sé. Ich weiß es *nicht* (ij vais és nijt). El
tren está retrasado. Der Zug ist verspätet.
(dèèr tsuug ist vèrshpèètet). Desde hace poco
tiempo en lugar de horario *tenemos* una huelga. Seit kurzer Zeit *haben wir* an Stelle des
Fahrplans **einen** Streik (sait kurtser tsait
h'aa-ben wiir an sté-le des faa r-plaans ainen
shtraik).

T Qué mala suerte. Was für ein Pech (vaas fyyr
ain pej). De qué andén sale el tren? Von welchem Bahnsteig fährt der Zug ab (fon vél-jem
baan-staig fèèrt dèèr tsuug ab)?

E Del andén número uno, vía dos. Von
Bahnsteig Nummer eins, Gleis zwei. (fon
baan-staig numer ains glais tsvai).

T Tengo que cambiar de tren? Muss ich umsteigen (mus ij um-shtaiguen)?

E Sí, tiene que cambiar de tren en Göttingen. Ja,
Sie müssen in Göttingen umsteigen (lla sii
my-sen in goetinguen um-staiguen).

T Puedo tomar el enlace para Berlin? Werde ich
Anschluss nach Berlin haben (vèr-de ij anshlus nach bèr-liin h'aa-ben)?

E Sí,usted enlaza con el tren para Berlin. Ja, Sie
haben Anschluss an den Zug nach Berlin (lla

sii h'aaben anshlus an déén tsuug naj ber-
liin).

T Cuánto tiempo dura el viaje? Wie lange dauert
die Fahrt (vii lan-gue dau-ert dii faart)?

E Normalmente sólo cinco horas pero hoy por
la huelga ocho horas. Normalerweise **sechs**
Stunden, aber heute wegen des Streiks acht
Stunden (nor-ma-lèr- vaise fynf shtun-den
aa-bèr h'oi-te wèèguen des shtraiks ajt shtun-
den).

T Hay un coche-cama? Gibt es einen **Schlafwagen** (guibt és ai-nen shlaafvaaguen)?

E Sí, pero por la huelga sólo hasta Göttingen.
Ja, aber *wege n* des Streikes nur bis Göttingen
(llaa aa-ber vèè-guen dés strai-kes nuur bis
goe-tin-guen).

T Quisiera un asiento de ventanilla en coche-
cama. Ich möchte einen Fensterplatz im
Schlafwagen. (ij moech-te ai-nen fénsterplats
im shlaafvaaguen). Un billete de ida y vuelta,
la vuelta sin huelga, por favor. Eine Fahrkarte
hin und zurück, die Rückfahrt bitte ohne
Streik (ai-ne faar-karte h'in und tsu - ryk dii
ryk-faart bi-té oo-ne shtraik).

P6: **einen** qué género, caso? **R6**: C2
V **P7**: **sechs** número ordinale / quebrado? **R7**:
C2
P8: **Schlafwagen** componentes del sustantivo
compuesto? **R8**: C3

**Por favor aprender las palabras con subray-
ado en el vocabulario de comida a ensalada.**

24

Cuarto día

Adjetivos

E La madre española ama a su marido alemán
y a sus hermosas hijas.
Die spanische Mutter liebt ihren deutsch**en**
Ehemann und ihre schön**en** Töchter.

R Los adjectivos tienen diferentes finales según
el género, el caso y **el número** del sostantivo.
Los adjetivos preceden al nombre. (**R12**)

E El padre mira a la bella hija / a las hermosas
hijas.
Der Vater betrachtet die schön**e** Tochter / die
schön**en** Töchter.

R Como en español, el adjetivo attributivo se
basa en el nombre.

E La hija es hermosa. Las hijas son hermosas.
Die Tochter *ist* **schön.**
DieTöchter *sind* **schön.**

R Adjetivos en uso predicativo (no delante un
sustantivo) siempre tienen la misma forma **sin
terminación adaptata**.

Los grados de comparación

E B es tan bella como A. B ist **so** schön **wie** A.
so + adjetivo + **wie**
C es más bella que B. C ist schön**er als** B.
adjetivo + **er** + **als**
C es menos hermosa que D. C ist **nicht so**
schön **wie** D.
nicht so + adjetivo + **wie**
D es la mujer más bella y más interesante.
D ist die schön**ste** und interessant**este** Frau.

adjetivo + **-ste** o **-este**

D es la más hermosa. D ist **am** schön**sten**.

am + adjetivo + **sten**

V Los adjetivos monosilábicos que tengan una -a,-o -u, en el comparativo y en el superlativo obtienen una modificación de la vocale.

lang (long) länger am längsten

jung (jeune) jünger am jüngsten

Para falicitar la pronunciación uno puede in-insertar o eliminar una 'e':

kalt (freddo) kälter, am kältsten > am kälte-sten, teuer (caro) teuerer > teu(e)rer > teurer.

Formas irregolares de comparación

gern (bien) lieber (lii-ber) am liebsten (liib-sten)

gut (bueno) besser (bé-ser) am besten (bé-sten)

viel (mucho) mehr (méér) (**R 28**) am meisten (mai-sten)

oft (a menudo) öfter (oef-ter) am häufigsten (h'oi-figsten)

hoch (alto) höher (h'oeoe-er) am höchsten (h'oek-sten)

nah (cerca) näher (nèè-er) **(R 9)** am nächsten (nèk-sten)

groß (grande) größer (groeoe-ser) am größten (groeoe-sten)

V Expresiones importantes

cómo / wie ¿cómo se va a …/ wie kommt man nach …(vii komt man naaj)? ¿cómo está / Wie geht es Ihnen (vii guéét és iinen) ? ¿Cómo puedo ir a …/ wie kann ich nach … fahren (vii kann ij naaj … faaren)?, ¿A qué distancia está …/ weit ist es bis …(vii vait ist és bis)? ¿Cuánto tiempo dura …/ lange dauert…(vii langue dauert)?

Tabla 3: **Declinación del adjetivo con el**
artículo definido

	N	A	D	G
m	der	den	dem	des
	schöne	schönen	schönen	schönen
	Mann	Mann	Mann	Mannes
f	die	die	der	der
	schöne	schöne	schönen	schönen
	Frau	Frau	Frau	Frau
n	das	das	dem	des
	schöne	schöne	schönen	schönen
	Mädchen	Mädchen	Mädchen	Mädchens
pl	die	die	den	der
	schönen	schönen	schönen	schönen
	Töchter	Töchter	Töchtern	Töchter

Regla: los adjetivos tienen la terminación -en.
(R 30)

Excepciones: los adjetivos subrayados que son
identicos.

Regla mnemotécnica:

El hombre guapo piensa: mirandose en el espejo
la bella mujer ve a la bella mujer, la bella chica
ve a la bella chica.

Der schöne Mann denkt: den Spiegel betrachtend
sieht die schöne Frau die schöne Frau, sieht das
schöne Mädchen das schöne Mädchen..

Los artículos (der, das, die) indican el género del
adjedivo. Por lo tanto, no es necesario que la
terminación adjetival indique el género. Todos
los adjetivos tienen la misma terminación: **-e**.

Los nombres son identicos. Excepciones: En el
genitivo singular la mayoría de los nombres

másculinos y neutros añade la terminación **-es** (des Mann**es**) o **-s** (des Mädchen**s**). En el plural dativo, los nombres tienen siempre la terminación **-n** (den Töchter**n**).

Tabla 4: **Declinación del adjetivo con el artículo indefinido**

	N	A	D	G
	ein	einen	einem	eines
m	schön**er**	schön**en**	schön**en**	schön**en**
	Mann	Mann	Mann	Mann**es**
	eine	eine	einer	einer
f	schön**e**	schön**e**	schön**en**	schön**en**
	Frau	Frau	Frau	Frau
	ein	ein	einem	eines
n	schön**es**	schön**es**	schön**en**	schön**en**
	Mädchen	Mädchen	Mädchen	Mädchen**s**
pl	schön**e**	schön**e**	schön**en**	schön**er**
	Frauen	Frauen	Frauen	Frauen

Regla: Los adjetivos con el artículo indefinido toman como los adjetivos con el artículo definido las terminaciones **-en**. (**R 41**)

Excepciones:

1. En el plural genitivo final al **-er**, por ejemplo: die Fotos schön**er** Frauen / las fotografías de mujeres hermosas.

2. Los adjetivos subrayados.

Regla mnemotécnica:

Un hombre guapo piensa: mirando al espejo una bella mujer ve a una mujer hermosa, una chica hermosa ve a una chica hermosa, hermosas

28

mujeres ven a las mujeres hermosas.
Ein schöner Mann denkt: einen Spiegel betrachtend, sieht eine schöne Frau eine schöne Frau, sieht ein schönes Mädchen ein schönes Mädchen, sehen schöne Frauen schöne Frauen.
El artículo 'ein' no indica el género del adjetivo. Por lo tanto, es necesario que la terminación del adjetivo indique el género. La terminacíon -er (schöner) indica el género **masculino**. La terminación -es (schönes) indica el género **neutral**.

V <u>Declinación de adjetivos sin artículo</u>
No hay ningún artículo delante del adjetivo
(S 36)
Regla: Los adjetivos sin artículo se declinan como adjetivos con el artículo indefinido.
<u>Excepciones</u>:
einem schönen > schönem, einer schönen > schöner.

Los adverbios
E Carmen es elegante. Puede vestirse elegantemente.
Carmen ist **elegant**. Sie kann sich **elegant** anziehen.
R **En alemán, la mayoría de los adjetivos se pueden usar como adverbio.**

V <u>Comparación del adverbio</u>
E rápidamente más rápidamente lo más rápidamente

schnell	schneller	am schnellsten
presto	piu presto	al piu presto
bald	eher	am ehesten

R El superlativo relativo del adverbio se forma

al agregar el sufijo -**sten** o -**esten** y al anteponer el particula 'am'.

Conjugación de los verbos 'haben' y 'sein'

presente	ich habe(1)	ich bin (2)
Gegenwart	du hast	du bist
1 tengo	er/sie/es hat	er/sie/es ist
2 soy	wir haben	wir sind
	ihr habt	ihr seid
	sie haben	sie sind

Saludo y despedida

Lugar: un hotel en Madrid.
una alemana A , un español E

E Hola, qué tal? Hallo, wie geht es (h'alo vii guéét és)?

A Muy bien, gracias. Danke, gut (dan-ke guut).

E Me llamo Gallo. Ich heiße Hahn (ij h'ai-se h'aan). Cómo se llama? Wie heißen Sie (vii hai-sen sii)?

A Me llamo Gallina. Ich heiße Henne (ij hai-se h'é-ne).

E De dónde es usted?*Woher* kommen Sie (vo-h'èèr ko-men sii)?

A Soy de Berlín. Ich bin aus Berlin. (ij bin aus bèrliin) ... Lo siento, tengo que partir ahora. Es tut mir leid, aber ich muss jetzt gehen (és tuut miir laid aa-ber ich mus llétst gué-hen).

E Hasta la vista, Señora Gallina. Buen regreso a Berlín. Auf Wiedersehen, Frau Henne. Gute Rückkehr nach Berlin (auf viider-sèen frau h'é-né und guute rückkéér naj bèrliin).

La avería / Die Panne

Lugar: Berlin
un turista T, una señora S, empleado E,
mecánico M

T Disculpe señora, dónde está el taller más cercano? Entschuldigung , meine Dame, wo befindet sich die **nächste** Werkstatt (ent-<u>shul</u>-digung maine daame voo be-<u>fin</u>-det sij dii <u>nèk</u>-ste <u>vèrk</u>shtat)?

S *(riendo / lachend)* Justo detrás de usted.Genau hinter Ihnen (gué-<u>nau</u> h' <u>in</u>-tèr <u>ii</u>-nen).

E Hola, qué hay? Hallo, was gibt es (<u>h'a</u>lo vaas guibt és)?

T Qué rabia, mi coche tiene una avería.Wie ärgerlich, mein Auto hat **eine** Panne (vii èrguerlij main autoo h'at <u>ai</u>-né <u>pa</u>-né). Puede echarle un vistazo? Können Sie einen Blick darauf werfen(<u>koe</u>nen si <u>ai</u>nen blik da<u>rauf</u> <u>vèr</u>fen)? Se ha parado y ya no arranca. Es hat angehalten und sprigt nicht mehr an (és h'at <u>an</u>-guéh'alten und shpringt nijt méér an).

E Dónde se ha parado? Wo hat es angehalten (voo h'at és <u>an</u>-guéh'alten)?

T Justo delante del taller. Genau vor **der** Werkstatt (gué-<u>nau</u> foor dèèr <u>vèrk</u>-shtat).

E   Bien hecho, un buen coche. Gut gemacht, ein **gutes** Auto (guut gue<u>ma</u>jt ain <u>guu</u>-tes <u>au</u>-too). La llave del coche por favor. Bitte den Autoschlüssel (<u>bi</u>-te déén <u>au</u>-too-shly-sel). Mientras mi mecánico controla el coche, usted puede beber un café. Während mein Mechaniker das Auto kontrolliert, können Sie einen Kaffee trinken (v<u>èè</u>-rend main mé-<u>ja</u>-

31

nikèr daas <u>au</u>-too kontro-<u>liirt</u> <u>koe</u>-nen sii <u>ai</u>-nen <u>ka</u>-féé trinken).

El mecánico regresa después de 3 minutos.
Der Mechaniker kommt nach 3 Minuten zurück.

T Por qué el coche no arranca? Warum springt das Auto *nicht* an (va-<u>rum</u> shpringt daas <u>au</u>too nijt an)?

M Adivinar. Raten Sie (<u>raa</u>-ten sii).

T ¿El contacto no funciona? Funktioniert die Zündung *nicht* (funktsio-<u>niirt</u> dii <u>tsyn</u>dung nijt)?

M No. Nein (nain).

T ¿La batería está vacía? Ist die Batterie leer (ist dii bate-<u>rii</u> lèèr)?

M No, pero el depósito de gasolina está vacío. Nein, aber der Benzintank ist leer (nain <u>aa</u>-bèr dèèr bén-<u>tsiin</u>-tank ist lèèr).

P9: nächste comparativo? **R9**: C4
P10: eine Panne qué género, caso? **R10**: C2
P11: der qué género, caso? **R11**: C2
P12: gutes Auto regla? **R12**: C4

V <u>Palabras contrarias</u>

ancho / estrecho **breit / schmal**, fuera / dentro **draußen / drinnen**, primer(o) / último **erster / letzter**, libre / ocupado **frei / besetzt**, pronto / tarde **früh / spät**, duro / mullido **hart / weich**, claro / oscuro **hell / dunkel**, caliente / frío **heiß / kalt**, aquí / allá **hier / dort**, alto / bajo **hoch / niedrig**, fácil / difícil **leicht / schwierig**, ligero / pesado **leicht / schwer**, largo / corto **lang / kurz**, a la izquierda / a la derecha **links / rechts**, fuerte / silencioso **laut / leise,** después de / antes de **nach / vor,** cercano / lejos **nah / fern,** arriba / abajo **oben / unten,** abierto / cerrado **offen / geschlossen,** correcto / falso **richtig / falsch,** rápido / lento **schnell / langsam,** bello / feo **schön / hässlich,** negro / blanco **schwarz / weiß** fuerte / déebil **stark / schwach** dulce / acido **süß / sauer,** seco / mojado **trocken / nass,** sobre / debajo de **über / unter,** mucho / poco **viel / wenig,** lleno / vacío **voll / leer,** adelante / atrás **vorwärts / rückwärts,** antes / después / **vorher / nachher.**

V Amigos equivocados

'Amigo equivocado': una palabra **alemana** que es igual o similar a una palabra en *español*, pero tiene un significado diferente.

balón / Ball m	**Ballon** m / globo
bombón / Praline f	**Bonbon** n / caramelo
endibía / Chicorée m	**Endivie f** / escarola
famoso / berühmt	**famos** / estupendo
firma / Unterschrift f	**Firma f** / empresa
gimnasio / Turnhalle f	**Gymnasium n** / instituto
ignorar / nicht kennen	**ignorieren** / no hacer caso de
investir / auszeichnen	**investieren** / invertir
carta / Brief m	**Karte f** / tarjeta

Por favor aprender las palabras con subrayado en el vocabulario de _entender_ a _haber_.

Quinto día

Verbos regulares

R El infinitivo de los verbos regulares y irregulares tiene la terminación **-en** o **-n**, por ejemplo: lern**en** / aprender, wander**n** / peregrinar.

Si se le saca la terminación del infinitivo queda el lexema del verbo: lern**en** > lern(**en**) > **lern-**, wander**n** > **wander-**

R Se forma el presente como sigue: lexema + **terminaciónes del presente**.

R El lexema de un verbo regular se queda el mismo por todos los sujetos y todos los tiempos.

Conjugación del verbo

aprender / lernen

Sujeto	lexema	terminación
yo / ich (ij)	lern	**-e**
tú / du (duu)	lern	**-st**
él / er (èèr)	lern	**-t**
ella / sie (sii)	lern	**-t**
eso/esa (neutro) (éés)	lern	**-t**
Usted / Sie (sii)	lern	**-en**
nosotros wir (viir)	lern	**-en**
vosotros / ihr (iir)	lern	**-t**
ellos / sie (sii)	lern	**-en**
Ustedes / **Sie** (sii)	lern	**-en**

L'infinitivo y la primera y tercera persona plural del indicativo son **idénticos**.

V Hay verbos que agregan una 'e' despues del lexema para falicitar la pronunciación, por

34

ejemplo:
respirar / atmen: du atm-st > atm-**e** -st
trabajar / arbeiten: er arbeit-t > arbeit-**e** -t
bañarse / baden: ihr bad-t > bad-**e** - t

V Conjugación del pretérito

E Estaba aprendiendo español en Madrid. Sofia
aprendió alemán en Múnich.
Ich *lernte* Spanisch in Madrid.
Carmen *lernte* Deutsch in München.

R La conjugación se forma de la siguiente manera:
lexema + t + terminaciones.

E lern-en / aprender

ich	*lern-t-**e***
du	lern-t-**est**
er / sie / es	*lern-t-**e***
wir	*lern-t-**en***
ihr	lern-t-**et**
sie	*lern-t-**en***

R La primera y tercera persona (tanto singular
como plural) tienen la misma forma. Para
falicitar la pronunciación debe insertar una
'e'antes del final, por ejemplo:
abrir / öffn-en
ich / er / sie / es öffn- te > öffn-**e**-te

Los verbos irregulares

Definición: los verbos irregulares son aquellos en los que, en el pasado, la vocal del tema cambia.

R El infinitivo y la primera y tercera persona del plural al presente indicativo son **idénticos**. (Excepción: sein / sind / sind)

Verbos con cambio de la vocal

R El verbo cambia la vocal del lexema en la segunda y tercera persona singular:
a > ä, e > i o ie, o > ö

Tabla 5: <u>Conjugación: verbos con cambio de la vocal</u>

fahren / ir *geben* / dar *lesen* / leer *stoßen* / empujar

a > ä	e > i	e > ie	o > ö
ich fahre	ich gebe	ich lese	ich stoße
du fährst	du gibst	du liest	du stößt
er fährt	er gibt	er liest	er stößt
wir *fahren*	wir *geben*	wir *lesen*	wir *stoßen*
ihr fahrt	ihr gebt	ihr lest	ihr stoßt
sie *fahren*	sie *geben*	sie *lesen*	sie *stoßen*

El pretérito de los verbos irregulares

R Para el pretérito el lexema es invariable para todas las personas.

E En Madrid le di a Carmen un brazalete. Ella me dio un beso.
In Madrid *gab* ich Carmen ein Armband.

Sie *gab* mir einen Kuss.

R Cada vez que la primera y la tercera persona singular son idénticas, las terminaciónes son: *-st -en -t* (regla mnemotécnica: *stent*)

Tabla 6: Conjugación del pretérito

(geben / dar, gehen / ir, raten / aconsejar, fahren conducir)

ich /er /sie/es	**gab**	**ging**	**riet**	**fuhr**
du	**gab-***st*	**ging-***st*	**riet-***st*	**fuhr-** *st*
wir, sie	**gab-***en*	**ging-***en*	**riet-***en*	**fuhr-***en*
ihr	**gab-***t*	**ging-***t*	**riet-***et*	**fuhr -***t*

Verbos auxiliares (sein, haben, werden)

E Fui feliz en Madrid por el beso. Carmen estaba feliz por el regalo.
Ich *war* in Madrid glücklich wegen des Kusses. Carmen *war* glücklich wegen des Geschenkes.

Tabla 7: Verbos auxiliares: Conjugación del pretérito

sein / ser, haben / tener, werden / hacerce

ich/er/sie/es	**war**	**hatte**	**wurde**
du	**war -***st*	**hatte-***st*	**wurde-***st*
wir, sie	**war-***en*	**hatt(e) -***en*	**wurd(e) -***en*
ihr	**war -***t*	**hatte -***t*	**wurde -***t*

V Konjunktiv II compuesto

R Los verbos regulares e irregolares forman el
Konjunktiv II de la siguiente manera:
**Konjunktiv II del verbo 'werden' +
infinitivo al final de la frase.**

E Si tuviera mucho tiempo, aprendería muchos
idiomas y escribiría muchos cursos de idiomas.

Wenn ich viel Zeit hätte, **würde** ich viele
Sprachen **lernen** (verbo regular) und viele
Sprachkurse **schreiben** (verbo irregular).

V Konjunktiv II non compuesto

Conjugación de verbos regulares

R En los verbos regulares, la forma del Konjunktiv II (presente) es igual a la forma del
indicativo préterito.

E Si tuviéramos mucho dinero, viajaríamos por
todo el mundo.

Wenn wir viel Geld hätten, **reisten** wir in die
ganze Welt.

Konjunktiv II = indicativo preterito, por ejemplo:

reisen (viajar) :

indicativo preterito: ich reis-t-**e,** du reis-t-**est** etc.
Konjunktiv II
ich reiste, du reist**est**, er reiste, wir reis**ten**, ihr
reis**tet**, sie reis**ten**.

38

V Conjugación de verbos irregulares

R La conjugación se forma de la manera siguiente:
1. pers. del indicativo preterito + las terminaciones del indicativo preterito de los verbos regulares. (ver arriba)

E En esta gira mundial, escribiríamos muchas postales.
Auf dieser Weltreise schrieben wir viele Postkarten.
schreiben (escribir):
1. pers. del preterito: schrieb
Konjunktiv II:
ich schriebe, du schriebest, er schriebe, wir schrieben, ihr schriebet, sie schrieben.

R Los verbos con las vocales a,o,u en el pretérito indicativo, agregan la **diéresis**.

E Queríamos volar sobre muchos continentes. Wir flögen über viele Kontinente. Queríamos cruzar muchos mares. Wir führen durch viele Meere. Queríamos hablar con la gente de muchas naciones. Wir sprächen mit den Menschen vieler Nationen.

V Verbos auxiliares y verbos modales
R Los verbos auxiliares (sein, haben, werden) y los verbos modales tienen sus propias formas de Konjunktiv II. (R23)

La formación del Konjunktiv II

verbo	pretérito + diéresis >	**Konjunktiv II**
dürfen	durfte	dürfte
können	konnte	könnte
mögen	mochte	möchte

müssen	musste	müsste
haben	hatte	hätte
werden	wurde	würde

Excepciones:

sein	war	*wäre*
sollen	sollte	*sollte*
wollen	wollte	*wollte*

Conjugación del Konjunktiv II

R La conjugación se forma de la manera siguiente:

Konjunktiv II + *terminaciónes -st -en -t.*
(R23)

.

Tabla 8: Conjugación del Konjunktiv II

ich/er/sie **möchte**	**könnte**	**würde**
du **möchte-***st*	**könnte-***st*	**würde-***st*
wir,sie **möcht(e)-***en*	**könnt(e)-***en*	**würd(e)-***en*
ihr **möchte-***t*	**könnte-***t*	**würde** *–t*

Konjunktiv II se usa para expresar:

un consejo que usa el verbo modal 'sollen':
Carmen, deberías comprar un nuevo vestido para el viaje.
Carmen du **solltest** ein neues Kleid für die Reise kaufen.
un deseo:
Me gustaría comprar el vestido en París.
Ich **würde** das Kleid gern in Paris kaufen.
un pedido cortés (R39)
Podría comprar el vestido en Berlin?
Könntest du das Kleid in Berlin *kaufen*?

Verbos modales

Mögen / querer (deseo), **dürfen** / poder hacer (permiso), **können** / poder (posibilidad, capacidad), **wollen** / querer (deseo, intención), **müssen** tener que (necesidad), **sollen** / deber (prescripción, consejo).

Regla mnemotécnica:
Espero que podamos hacer lo que podemos y lo que queremos y que nos gusta lo que somos forzados a hacer o lo que debemos hacer.

Ich hoffe, dass wir das tun **dürfen**, was wir **können** und was wir tun **wollen** und dass wir **mögen**, was wir tun **müssen** oder was wir tun **sollen**. (**R15**)

E Quiero hacer un viaje a Madrid. Ich **will** eine Reise nach Madrid **machen**.

R En la proposición principal, los verbos modales tienen un segundo verbo en el infinitivo, que ocupa la última posición.

E Carmen dice que quiere viajar a Múnich. Carmen sagt, dass sie nach München **reisen will.**

R En la oración subordinada, el verbo modal conjugado se coloca después del infinitivo.

R Verbos modales pueden aparecer sin un otro segundo verbo, si el contexto está claro.

E Tengo que ir a casa. Ich muss nach Hause.

Tabla 9: Conjugación de verbos modales

ich /er /sie/	darf	kann	mag	muss	soll
du	darf-**st**	kann**st**	mag**st**	muss**t**	soll**st**
wir / sie	dürf-**en**	kön**nen**	mög**en**	müs**sen**	soll**en**
ihr	dürf-**t**	könn**t**	mög**t**	müss**t**	soll**t**

Primer encuentro / Erste Begegnung

Las Palmas de Gran Canaria
Delante de un hotel. Vor einem Hotel. Al lado
de la entrada dos maletas. Neben dem Eingang zwei Koffer.

una turista S, un turista D

D Le gusta aquí? Gefällt *es* Ihnen hier (gé-<u>fèlt</u> és
   <u>ii</u>-nen h'iir)?
S Sí, me gusta mucho. Ja, es gefällt *mir sehr*
   (llaa és gé-<u>fèlt</u> miir sèèr).
D De dónde es y dónde vive? Woher sind Sie
   und wo wohnen Sie (vo-<u>h'èèr</u> sind sii und voo
   <u>voo</u>nen sii)?
G Soy de España e vivo en Madrid. Ich bin aus
   Spanien und wohne in Madrid (ij bin aus <u>shpa</u>-
   nien und <u>voo</u>ne in madrid).
D Qué sorpresa, yo tambien. Welche Überraschung, ich auch (<u>vél</u>-je yber-<u>ra</u>-shung ij
   auj). A qué se dedica? Was machen Sie
   beruflich (vaas <u>ma</u>-jen sii bé-<u>ruuf</u>-lich)?
S Todavía soy estudiante. Ich bin noch Studen-
   tin (ij bin noj shtu<u>dén</u>tin).
D Yo también. Ich auch (ij auch). Me llamo
   Diego. Ich heisse Diego(ij h'aise diéégo) y
   usted cómo se llama? Und wie heissen Sie
   (und vii <u>h'ai</u>sen sii)?
S Soy Sara. Ich bin Sara (ij bin saara).
   Encantada. Sehr erfreut. (sèèr èr-<u>froit</u>).
D Ha encontrado un buen hotel? *Haben Sie* ein
   gutes Hotel *gefunden* (<u>h'aa</u>-ben sii ain <u>guu</u>-
   tes h'o-<u>tèl</u> gué<u>fun</u>-den)?
S Sí, aquél es mi hotel. Ja, dieses Hotel (llaa

diis-es h'otèl).

D Estoy también en aquel hotel. Ich bin auch in diesem Hotel (ij bin auj in die-sem h'o-tèl). Está aquí con la familia? Sind Sie mit der Familie *hier* (sind sii mit dèèr fa-mii-lié hiir

S No, estoy sola. Nein, ich bin allein (nain ij bin alain)

D Yo también. Ich auch (ij auch). He llegado hoy. *Ich bin* heute *angekommen* (ij bin hoite an-gué-ko-men). Cuándo ha llegado. *Wann* sind Sie angekommen (van sind sii an-gué-komen)?

S Hace una semana. Vor **einer Woche** (foor ainer voje).

D Hasta cuándo se queda? Wie lange bleiben Sie (vii lan-gue blai-ben sii)?

S Estoy saliendo. Ich reise gerade ab (ij raise guérade ab). Allí están mis maletas. Dort sind meine Koffer (dort sind mai-ne ko-fèr). Estoy esperando al taxista para ir al aeropuerto. Ich warte auf **den** Taxichauffeur, um zum Flughafen zu *fahren* (ij vaar-te auf déén taxishofoeoer um tsum fluugh'aa-fen tsu faaren).

D Qué lástima. Wie schade! (vii shaade). Nos podemos encontrar en Madrid? **Können** wir uns in Madrid treffen (koe-nen viir uns in madrid trèfen)? Le gustaría ir al cine? Würde es Ihnen gefallen, **ins** Kino zhu gehen (vyrde és iinen guéfalen ins ki-no tsu guéhen)?

S No me interesa el cine. Das Kino interessiert mich *nicht* (daas kino intèresiirt mij nijt).

D Le apatece ir a una discoteca? Haben Sie Lust, in eine Diskothek zu gehen (h'aaben sii lust in ai-ne diskotéék tsu guéhen)?

S No. Nein (naian).

D Qué hace en su tiempo libre? Womit beschäf-
tigen Sie sich in Ihrer Freizeit (vo-mit bé-
shèf-tiguen sii sij in ii-rèr frai-tsait)?

S Me encanta la musica. Mir gefällt die Musik
miir guéfèlt dii musiik).

D Qué tipo de música prefiere? Welche Art von
Musik bevorzugen Sie (velje art fon musiik
befortsuuguen sii)?

S Tengo afición por la ópera. Ich habe eine Vor-
liebe für die Oper (ij h'aabe aine foorliibe
fyyr dii ooper).   )

D Yo también. Ich auch (ij auj). Tiene tiempo el
seis septiembre? Haben Sie **am 6. September** Zeit (h'aa-ben sii am sék-sten sép-tém-
ber tsait)?

S Un momento, por favor.. Einen Moment, bitte
(ai-nen mo-ment bi-te). Tengo que echar una
mirada a mi agenda. Ich muss einen Blick in
meinen *Kalender* werfen (ij mus ainen blik in
mainen kalender verfen). Sí, la tarde está libre. Der Abend ist frei (dèèr aabend ist frai).

D *toma su movíl y marca un número de teléfono
/ nimmt sein Handy und wählt eine Telefon
nummer*: Diga? Hallo? Qué ponen en la ópera el seis septiembre? Was wird *am sechsten
September* in der Oper gespielt (vaas vird am
sék-sten sép-tém-ber in dèèr oo-pèr gué-
shpiilt? Oh, un estreno. Oh, eine Premiere (oo
ai-ne proemi-èè-re). Quién es el protagonista?
Wer spielt die Hauptrolle (vèèr shpiiltdii
h'aupt -role)? Oh, Plácido Domingo. Quisiera
reservar dos butacas. Ich möchte zwei Par-
kettplätze   reservieren (ij moech-te tsvai
parketplètse résèrviiren).

44

S Qué ponen? Was wird gespielt (vaas vird gué-
shpiilt*)?*
D 'Otello' de Verdi. 'Otello' von Verdi.

P13: einer Woche género y caso? **R13:** C2
P14: den Taxifahrer caso? **R14:** C2
P15: können regla mnemotécnica verbos
modales? **R15:** C5 **P16: ins** qué contra-
cción? **R16:** C2
P17: am qué contracción? **R17:** C2
V **P18: am 6. September** regla? **R18:** C2

V Amigos equivocados

promoción / Aufstieg	**Promotion f** / doctorado
regalo / Geschenk n	**Regal n** /estantería
romano / Römer m	**Roman m** / novela
término / Ende n	**Termin m** / cita

V Verbos iguales en español y en **aléman**

auto	**das Auto** (<u>au</u>-too)
bar	**die** Bar (baar),
vocal	**der** Vokal
beige	beige (béésh)
bikini	der Bikini (bi-<u>kii</u>-nii)
motel	**das** Motel (<u>mo</u>-tèl)
foto	**das** Foto (<u>fo</u>-too)
radio	**das** Radio (<u>raa</u>-dioo),
taxi	**das** Taxi (<u>ta</u>-ksi),
tenis	**das** Tennis (<u>té</u>-nis),
túnel	der Tunnel (<u>tu</u>-nel)

**Per favor aprender las palabras en el vocabu-
lario de habitación a llegar.**

Sexto día

Das Perfekt / el perfecto

El ‚Perfekt' se forma con el verbo auxiliar (**haben** / tener o **sein** / ser) del presente indicativo y el **participio pasivo** (siempre **inmutable**).

Verbos regulares

E Carmen me ha dado un beso.
   Carmen hat mich **geküsst.**
R El participio pasivo se forma normalmente como sigue:
   ge- + lexema + **-t**
   besar / küssen: **ge** - küss **-t**
   Excepción: Los verbos con la desinencia **-ieren** no agregan el prefijo **-ge** e sono **siempre regolari:**
   telefon*ieren* > hat telefoniert.
V Para falicitar la pronunciación tiene que introducir **e** después del lexema:
   hablar / reden > hat ge-red - t > ge- red **-e-** t.

Verbos irregulares

El perfecto de los verbos irregolares: ver tabla verbos irregulares II, C 10
E He dado un regalo a Carmen.
   Ich habe Carmen ein Geschenk gegeben.
R El participio pasivo se forma con frecuencia como sigue:
   ge- + lexema + **-en**

46

Participio pasado con el auxiliar 'sein'

E Carmen se ha despertado la mañana. Am Morgen **ist** Carmen auf**ge**wacht. (1) Luego ha ido al baño. Danach **ist** sie in das Bad **ge**gangen. (2)

R Usamos el auxiliar **sein** con verbos intransitivos que indican un cambio de estado (1) y con verbos intransitivos de movimiento desde y hacia el lugar (2). (R **41**)

R Usamos el auxiliar **sein** con los verbos:
sein / ser, **bleiben** / quedarse, **begegnen** encon trar, **geschehen** / suceder, **passieren** / recalar, **werden** / hacerse.

E <u>Regla mnemotécnica</u>:
Siempre he estado enamorado de Carmen y me he mantenido fiel a ella. Aunque he conocido a mujeres atractivas en mis viajes, nada ha sucedido o recalado.
Ich bin immer in Carmen verliebt **gewesen** und ich bin ihr treu **geblieben**. Auch wenn mir auf meinen Reisen attraktive Frauen **begegnet** sind, ist nichts **geschehen** oder **passiert**.

Participio pasado con el auxiliar 'haben'

E He abierto la puerta del baño. Ich **habe** die Tür des Bads **geöffnet**. (1) Carmen ha hecho sus labios frente al espejo y ella era muy buena en eso. Carmen **hat sich** vor dem Spiegel die Lippen **geschminkt** (2) und das **hat sie** sehr gut **gekonnt** (3).

R **El auxiliar 'haben' se usa con todos los verbos que tengan un complemento en** acusativo (1), con verbos reflexivos (2) y con todos los verbos modales (3). (R 27)

Los verbos con prefijo

Estos verbos están compuestos por un prefijo y un verbo básico (auf - wachen / despertarse).
Un verbo compuesto es separable si el prefijo lleva el acento tónico (<u>auf</u> - wachen) (**R 26**) e inseparable si el acento tónico no cae en el prefijo, sino sobre el radical (*be*<u>trach</u>ten / mirar, sich *ver*<u>lie</u>ben / innamorarsi).

Verbos compuestos separables

E Por la noche Carmen ha dicho / am Abend hat Carmen gesagt:
'Me acuesto.' Ich lege mich <u>hin</u>.' (1) Luego ha adormecido inmediatamente. Danach schlief sie sofort <u>ein</u>. (2) Se ha despertado por la mañana. Am Morgen ist sie <u>auf**ge**</u>wacht. (3)

R En el presente (1) y en el pretérito (2) el prefijo separable (<u>hin</u>, <u>ein</u>) se separa del verbo y va a la última posición de la frase.
En los verbos separables, ya sean regulares o irregulares, el prefijo del participio '**ge-**' se inserta entre el prefijo del verbo y el radical del verbo.(3)

Verbos compuestos inseparables

E He mirado a Carmen y pensado Ich habe Carmen *be*<u>trach</u>tet (1) und gedacht:
'Me enamoré de esta mujer en nuestra primera cita. In diese Frau *ver*<u>lieb</u>te (2) ich mich im Moment unseres ersten Rendezvous. Cada día me enamoro más. Jeden Tag

*ver*liebe (3) ich mich mehr.'
R El participio pasivo no tiene un **ge-**. (1)
   El prefijo no sale del verbo básico al pretérito
   (2) o al presente (3). El prefijo está junto con
   el verbo.

Sólo hay ocho prefijos inseparables:
 be-, emp-, ent-, er-, ge-, miss-, ver-, zer-.
Regla mnemotécnica:
Cada vez que tocamos, siento un gran sentimien-
to de gratitud por el hecho de que nuestra rela-
ción se desarrolló tan bien y ha tenido tanto éxito
que no tengo que preocuparme de que falle en
algún momento. Y cada vez que me despido de
un viaje de negocios desde Carmen, tengo que
experimentar cómo la separación desgarra mi
corazón.
Jedes Mal, wenn wir uns *be*rühren *emp*finde ich
eine große Dankbarkeit, dass unsere Beziehung
sich so gut *ent*wickelt hat und so gut *ge*lungen ist
und ich daher nicht fürchten muss, sie könnte
noch irgendwann *miss*lingen. Und jedes Mal,
wenn ich mich vor einer Geschäftsreise von
Carmen *ver*abschiede, muss ich *er*fahren, wie mir
die Trennung das Herz *zer*reisst.

V El pasivo

R El pasivo se forma con el verbo auxiliar conjugado '**werden**' y el *participio pasado* del
   verbo al final de la frase. El operador se puede expressar con 'von + dativo'
E La maleta está hecha para mí.
   Der Koffer **wird** von mir *gepackt*.

V Imperativ / imperativo

El imperativo se forma con la ayuda de la conjugación del verbo, per ejemplo:
fahren / conducir

conjugación	imperativo
du fährst > (du) fähr(st)	> fahr! (1)
wir fahren	fahren wir!
ihr fahrt > (ihr) fahrt	> fahrt!
Sie fahren	fahren Sie!

R (1) Verbos con modificación de la vocal en la
segunda y tercera persona singular pierden
esa modificación en el imperativo.
Los verbos que han una modificación **e** > **i** o
ie conservan esa vocal al imperativo:
dar / geben: du gibst > gib!
leer / lesen: du liest > lies!
Se puede usar el infinito como imperativo:
Die Tür *schließen*! Cerrar la puerta.

Verbos compuestos separables

E partir / **los**fahren: Fahren Sie **los**!
R El prefijo separable **va a la ultima posición
de la frase. (R 44)**

Imperativo negativo

E No conduzcas demasiado rápido. Fahr **nicht**
(1) zu schnell.
No conduzca demasiado rápido Usted. Fahren
Sie **nicht** (2) zu schnell.
R **'nicht'** está detrás del verbo (1) o del pronom-
bre (2).

V Partizip Präsens / participio presente

E Aquí están Carmen y Karl bailando juntos.
Hier sind Carmen und Karl, gemeinsam tanze**nd**.

R El participio presente se forma de la siguiente manera:
el infinitivo + **d**: bailar / tanzen + **d** > tanze**nd**
La declinación: > declinación del adjetivo (tabla 3 y 4).

La proposición infinita

El infinitivo está precedido principalmente por preposiciónes, por ejemplo:
um ... zu (para), **ohne ... zu** (sin eso) y **statt ... zu** (en lugar de).

Regla mnemotécnica:

E Recuerdo los ejemplos para deducir las reglas gramaticales de estos ejemplos sin forzar mi memoria en lugar de conservar en la memoria las reglas gramaticales aguzando la memoria.
Ich merke mir die Beispiele, **um** aus diesen Beispielen die Grammatikregeln abzuleiten (1), **ohne** das Gedächtnis anzustrengen (1) **statt** die Grammatikregeln **zu** merken und dabei mein Gedächtnis anzustrengen.

(1) En el caso de verbos con prefijos acentuados 'zu' se inserta entre el prefijo del verbo y el radical del verbo.

El infinitivo sin 'zu' es posterior al:
verbos modales (**R 21**) los verbos de movimiento, verbos sensoriales (ver, oír) y algunos otros verbos, por ejemplo: dejar / **lassen**,

aprender / **lernen.**
Regla mnemotécnica:

E Carmen me deja leer un libro. Ella va a la escuela de música para tocar el piano.
Carmen **lässt** mich ein Buch **lesen.** Sie **geht** in die Musikschule Klavier **spielen.**
Carmen aprende a tocar el piano. Todos los días la veo y escucho tocar el piano. Carmen **lernt** Klavier **spielen.** Jeden Tag **sehe** und **höre** ich sie **spielen.**

La posición del verbo

Karl K, Carmen C

K Cuándo vienes? *Wann* **kommst** du? (1)
C Vengo pasado mañana. Ich **komme** übermorgen. (2)
R Después de *un pronombre de interrogación* (1) (**R 22**) y en las proposiciones principales (2) (**R 20**) el verbo sempre ocupa **el segundo lugar.**

K Ya ha comprado el billete de avión? **Hast** *du* das Flugticket schon gekauft? (3)
R En la pregunta simple (sin pronombre interrogativo) el verbo conjugado debe ser colocado al **principio de la proposición.** (3) seguido por el *sujeto.* (**R 19**)

K Llama por teléfono pasada mañana conmigo. **Telefonier** übermorgen mit mir.(4)
R En la proposición imperativa, el verbo está en la **primera posición.** (4)

K Espero que tenga un buen vuelo. Ich hoffe,
dass du einen guten Flug **hast**. (5)

R En las oraciones subordinadas, el verbo está
en la **posición final**. (5) Las oraciones subordinadas comienzan con una conjunción, por
ejemplo: que / *dass*, porque / *weil*, aunque
obwohl, si / *ob*.

V Expresiones importantes

hay / **gibt es** (guibt és) grandes almacenes muy
cerca /ein Kaufhaus ganz in der Nähe (ain <u>kauf</u>-
haus gantz in dèèr <u>nèè</u>-'é), un aparcamiento /
einen Parkplatz (<u>ai</u>-nen <u>park</u>-plats), alquien qué /
jemand der (ll<u>éé</u>-mand dèèr), una visita guiada /
eine Führung (<u>ai</u>-ne <u>fyy</u>-rung), un descuento para
… / einen Preisnachlass für (<u>ai</u>-nen <u>prais</u>-nachlas
fyyr), un enlace / einen Anschluss nach (<u>ai</u>-nen
<u>an</u>-shlus naaj), un albergue juvenil / eine
Jugendherberge (<u>ai</u>-ne ll<u>uu</u>-guendh'éérbèrgué)?
hay / **es gibt** (és guibt) un error en la cuenta /
einen Fehler in der Rechnung(<u>ai</u>-nen <u>fèè</u>-ler).
quién / **wer** (vèèr) / es el guía turístico / ist der
Reiseführer / die Reiseführerin (<u>rai</u>-sefyyrèr/in)?

Verbos irregulares

<u>infinitivo   3ᵉ pers. sg   pretérito auxiliar + Pp</u>

infinitivo	3ᵉ pers. sg	pretérito	auxiliar + Pp
gehen / ir	geht	ging	ist gegangen
kommen / venir	kommt	kam	ist gekommen
können / poder	kann	konnte	hat gekonnt
müssen / deber	muss	musste	hat gemusst
wollen / querer	will	wollte	hat gewollt
wissen / saper	weiß	wusste	hat gewusst

53

El traje de novia / Das Hochzeitskleid

Una tienda de ropa en Madrid.
Sara S, vendedora V

V ¿Le puedo ayudar? **Kann ich** *Ihnen* helfen
(kan ij ii-nen h'èl-fen)?

S Estoy buscando un traje de novia. **Ich suche**
ein Hochzeitskleid (ij suuje ain h'ojtsaids-
klaid).

V ¿Qué talla tiene? Welche Größe haben Sie
(vél-che groeoe-se h'aaben sii)?

S Tengo la talla cuarenta. Ich habe die Größe
vierzig (ij h'aabe dii groeoese fiirtsig).

V ¿Puede descrivir el traje de novia que desea?
Können Sie das Kleid *beschreiben*, welches
Sie wünschen (koe-nen sii das klaid be-shrai-
ben vél-ches sii vyn-shen)?

S Deseo un vestido elegante y tradicional. Ich
wünsche ein elegantes und traditionelles
Kleid (ij vyyn-she vain élé-gan-tes und tradi-
tsio-nèl-es klaid).

V ¿ De qué color? Welche Farbe (vélche farbe)?

S Blanco. Weiß (vais).

V ¿Este es muy elegante, no? Dieses hier ist sehr
elegant, nicht wahr (die-ses h'iir ist sèèr élé-
gant nijt vaar)?

S Es verdad. Das ist wahr (daas ist vaar).
Puedo probarlo? Kann ich es anprobieren
(kann ij és an-probiiren)?

V Con mucho gusto. Sehr gern (sèèr guèrn).
Aquí están los probadores. Hier   sind die
Ankleidekabinen (an-klaide- kabiinen).

S *está de pie delante del espejo y mira feliz su*
imagen reflejada / steht vor dem Spiegel und

betrachtet glücklich ihr Spiegelbild)
Me queda bien. Es steht mir gut (és shtéét miir guut). Este vestido es un sueño. Dieses Kleid ist ein Traum (dii̲s̲es klaid ist ain traum). ¿ Cuánto cuesta este sueño? Wie viel **kostet** dieser Traum (vii fiil k̲o̲s̲-tet die̲s̲er traum)?

V Son dos mil euros. Zweitausend Euro (ts̲vai- tau- s̲end o̲i̲roo).

S Qué pena. Wie schade (vii shaade) . No quiero gastar más de mil euros. Ich **möchte** nicht mehr als tausend Euro ausgeben (ij moejte nijt méér als tau̲s̲end o̲i̲ro au̲s̲guèèben).

V Un momento, por favor. Einen Moment , bitte (a̲i̲-nen mo̲m̲ent b̲i̲-te). Voy a telefonear con el jefe de sección. **Ich werde** mit dem Abteilungsleiter **telefonieren** (ij vèrde mit déém ab-t̲a̲i̲-lungslaiter telefo̲n̲i̲iren).

Después de la llamada telefónica. Nach dem Telefongespräch.

Puede comprar el vestido por mil quintentos euros. Sie können das Kleid für 1500 Euro *kaufen* (sii k̲o̲e̲-nen daas klaid fyyr a̲i̲n-tau- s̲endfynf-h'un-dèrt o̲i̲-roo k̲a̲u̲- fen).

S Lo compro. Ich kaufe es. (ij k̲a̲u̲fe és).

P19: kann ich posición del verbo: regla? **R19:** C6 **P20: Ich suche** posición del verbo: regla? **R20:** C6 **P21: beschreiben** por qué sin 'zu'? **R21:** C6 **P22: kostet** posición del verbo: regla? **R22:** C6

V **P23: möchte** conjugación del Konjunktiv II: regla? **R23:** C6

P24: ich werde telefonieren regla? **R24:** C9
Por favor aprender las palabras en el vocabulario de l̲l̲e̲n̲o̲ a n̲u̲v̲e̲.

Sétimo día

Pronombres personales

E Carmen es una española. Ama la moda.
Carmen ist eine Spanierin. **Sie** liebt die Mode.

R Los pronombres personales reemplazan un sustantivo en la oración evitando la repetición del nombre. El pronombre debe tener el mismo género que el nombre reemplazado.

Tabla 10 A: _Declinación al acusativo_

E Me informo a mí / ich informiere mich.

nominativo	verbo	pron.reflexivo	pron.acusativo
ich	informiere	mich	mich
du (duu)	informierst	dich	dich
er (èèr)	informiert	sich	**ihn** iin
sie (sii)	informiert	sich	**sie** sii
es (éés)	informiert	sich	**es** éés
wir (viir)	informieren	uns	uns
ihr (iir)	informiert	euch	euch
sie (sii)	informieren	sich	**sie** sii

Il pronombre **Sie** con mayúscula S es la forma de cortesía para las personas adultas en situaci- ones formales. 'Sie' puede dirigirse a una o más personas.

E Saludo Usted / ich begrüsse **Sie** (sg y pl).

Declinación en el acusativo: Modifique la declinación del pronombre reflexivo de la siguiente manera: Reemplace 'sich' (sg) por **ihn** (m), **sie** (f), **es** (n) y 'sich' (pl) por **sie**.

E Carmen da il libro a mí. Carmen gibt **mir** das Buch.(1)

R Si uno de los dos complementos está repre-
sentado por un pronombre y el otro por un
sustantivo, el pronombre siempre tiene prioridad (1).
E Do un libro a Carmen / ich gebe Carmen ein
Buch. Se lo do. Ich gebe **es** ihr.
R Se la proposición ha dos pronmombres, el
pronombre al acusativo tiene prioridad.
(R34)

Si el verbo reflexivo requiere *un complemento
al acusativo*, el pronombre reflexivo cambia:
mich > **mir** (miir) dich > **dir** (diir).
E Me lavo las manos. Ich wasche **mir** *die
Hände*.

Tabla 10 B: Declinación al dativo

nominativo	verbo	pron. reflexivo	pron.**dativo**	
ich	wasche	mir		mir
du	wäscht	dir		dir
er	wäscht	sich	**ihm**	iim
sie	wäscht	sich	**ihr**	iir
es	wäscht	sich	**ihm**	iim
wir	waschen	uns		uns
ihr	wascht	euch		euch
sie	waschen	sich	**ihnen**	iinen

Ihnen: como 'Sie' una forma de cortesía.
E Escribo a Usted / ich schreibe **Ihnen** (sg y pl).

Declinación al dativo: Modifique la declinación
del pronombre reflexivo de la siguiente manera:
Reemplace 'sich' (sg) por **ihm** (m, n), **ihr** (f) y
'sich' (pl) por **ihnen**.

57

La negación

La negación se forma de la siguiente manera:

1. Con la palabra **nein** (no).

E Habla usted alemán? Sprechen Sie Deutsch?
No. **Nein.**

2. Con el adverbio **nicht** (no). (**R 33**)

E No hablo alemán.

Ich spreche **nicht** Deutsch.

R La negación ‚nicht' sigue el verbo conjugado.

No veo nunca a R. Ich sehe R **nie.** No veo ni a R
ni a S. Ich sehe **weder** R **noch** S.

No veo nadie. Ich sehe **niemand.**

No veo nada. Ich sehe **nichts.**

Para la negación ningún / ninguna se usa **kein**
(m, n) **keine** (f) delante del sustantivo, por
ejemplo: Ninguna mujer es más bella que
Carmen. **Keine** Frau ist schöner als Carmen.

Declinación de kein (m), keine (f), kein (n):
k + declinación de ein (m), eine (f), ein (n)
pl: keine + la última letra del artículo definido.
(keinee > keine)

Declinación de keiner, keine, keines, keine(pl)
(al nominativo, acusativo, dativo):

**keine + la última letra del artículo definido
Ver Tabla15, C10**

V Expresiones importantes

¿qué / was (welche/r/s) qué hay / was gibt es,
qué es eso / was ist das, qué hay de nuevo / was
gibt es Neues.? ¿En qué trabaja Ud. / was
machen Sie beruflich (vaas majen sii beruuflij)?
¿Qué deporte practicas / welchen Sport betreibst
du (véljen sport bétraibst duu)?

La luna de miel / Die Hochzeitsreise

Aeropuerto Madrid-Barajas
Sara S, Diego D, un empleado E

D A qué hora sale el vuelo chárter para París?
Um wieviel Uhr startet der **Charterflug** nach
Paris (um vii fiil uur <u>shtar</u>-tet dèèr <u>tshar</u>-tèr-
fluug naaj pa-<u>ris</u>)?

E Tienen aún un poco de tiempo. Sie haben
noch ein wenig Zeit (sii <u>h'aa</u>-ben noch ain
<u>véé</u>-nig tsait). El avión sale a las nueve . Der
Start ist um neun Uhr (dèèr shtart ist um noin
uur).

S A qué hora llega el avión a París? Um wie viel
Uhr **kommt** das Flugzeug in Paris **an** (um vii
fiil uur komt daas <u>fluug</u>-tsoig in paris an)?

E Si el avión sale puntual, la llegada es a las
once. Wenn da s Flugzeug *pünktlich* startet,
ist die Ankunft um 11 Uhr (vén daas <u>fluug</u>-
tsoig <u>pynkt</u>-lij <u>shtar</u>-tet ist dii <u>an</u>-kunft <u>um elf</u>
uur). Ustedes viajan a París por primera vez?
Fahren Sie zum ersten *Mal* nach Paris (<u>faa</u>-
ren sii tsum <u>éérs</u>-ten maal naaj pa-<u>ris</u>)?

S Sí, es nuestra luna de miel. Ja, das ist unsere
Hochzeitsreise (lla daas ist <u>un</u>-sère <u>h'oj</u>-
tsaitsraise).

E Felicidades.   Herzlichen   Glückwunsch
(<u>h'èrts</u>lijen <u>glyk</u>-vunsh). Han encontrado un
buen hotel? **Haben** Sie ein gutes Hotel
gefunden (<u>h'aa</u>-ben sii ain <u>guu</u>-tes h'o-<u>tèl</u>
ghé-<u>fun</u>-den)?

D Sí, cerca de la catedral *Notre Dame* en el
barrio *Quartier Latin*. Ja, bei der Kathedrale
Notre-Dame im *Quartier latin*. (llaa bai dèèr

katé-<u>draa</u>-le).

E Viví en aquel barrio de 1988 a 1996. Ich habe in diesem Viertel *von* 1988 *bis* 1996 *gelebt* (ij <u>h'aa</u>-be in <u>dii</u>-sem <u>fiir</u>-tel fon noinzéén-h'undert-acht-und-achttsig   bis nointséén-h'undert-séksundnointsig gué-lèbt). Cada vez que me acuero de París, tengo una gran nostalgia de aquella ciudad maravillosa. Jedes Mal, wenn ich an Paris denke, fühle ich ein großes Heimweh nach dieser wunderbaren Stadt (ll<u>éé</u>-des maal vén ij an pa-<u>ris</u> <u>dén</u>-ke <u>fyy</u>-le ich ain <u>groo</u>-ses <u>h'aim</u>-véé nach <u>dii</u>-<u>sèr</u> <u>vunderbaaren</u> shtat).

S Qué le gustó más en París? Was hat Ihnen in Paris **am meisten** gefallen*t* (vaas hat iinen in paris am <u>mais</u>ten gué<u>fa</u>len)?

E Esa es una pregunta difícil. Das ist eine schwierige Frage (daas ist <u>ai</u>-ne <u>shvii</u>-rigue <u>fraa</u>-gue). Tal vez las vistas al *Sena* debajo de los puentes de París o las vistas de mi appartamento al cielo azul sobre los techos de París. Vielleicht der Blick auf die *Seine* unter **den** Brücken von Paris oder die Aussicht von meiner Wohnung auf den **blauen** Himmel über den Dächern von Paris (fi- <u>laicht</u> dèèr blik auf dii sèèn <u>un</u>-tèr déén <u>bry</u>-ken fon pa-<u>ris</u> <u>oo</u>-dèr dii <u>aus</u>-sicht fon <u>mai</u>-nèr <u>voo</u>-nung auf déén <u>blau</u>-en <u>h'i</u>-mel <u>yy</u>-bèr déén <u>dè</u>-jèrn fon pa-<u>ris</u>). Quizá aquella tarde en la plaza *Concorde* mientras el sol rojo se ponía detrás de la torre Eiffel. Vielleicht jener Abend auf dem *Concorde Platz*, als die rote Sonne hinter dem *Eiffelturm* unterging (fi-<u>laicht</u> ll<u>ee</u>-ner <u>aa</u>-bend auf déém *Concorde* plats als dii <u>roo</u>-te <u>so</u>-ne <u>h'in</u>-ter déém <u>ai</u>-felturm <u>un</u>-tèrguing).

60

Quizá aquella noche cuando miré el océano de luz de la ciudad en el más alto restaurante de la torre Eiffel. Vielleicht jene Nacht, als ich das Lichtermeer der Stadt **vom** höchsten Restau rant des Eiffelturms betrachtet habe (fi-<u>laicht</u> <u>iee</u>-ne najt als ich daas <u>lij</u>-tèrméér dèèr shtat fom <u>h'oek</u>-sten rèstoorannt dés <u>ai</u>-felturms bé-<u>trach</u>-tet <u>h'aa</u>-be). Quizá la belleza seductora de las bailarinas en el *Lido* y el *Moulin Rouge*.. Vielleicht die verführerische Schönheit der Tänzerinnen des *Lido* und des *Moulin Rouge* (fi-<u>laicht</u> dii fèr-<u>fyy</u>-rèrishe <u>shoeoen</u>- h'ait dèèr <u>tèn</u>- tserinen dés *Lido* und dés *Moulin Rouge*). Quizá la mañana cuando vi delante de la iglesia *Sacré-Coeur* después de una noche en blanco la salida del sol rojizo. Vielleicht jener Morgen, als ich vor der Kirche *Sacré-Coeur* nach **einer** schlaflosen Nacht den Aufgang der rosigen Sonne gesehen habe (fi-<u>laicht</u> ll<u>ee</u>-ner <u>mor</u>-guen als ij foor dèèr <u>kir</u>-che *Sacré-Cœur* naaj <u>ai</u>-ner <u>shlaaf</u>-loosen najt dén <u>auf</u> -gang dèèr <u>roo</u>-siguen <u>so</u>-ne gué-<u>sè</u>-h'en <u>h'aa</u>-be). Qué me gustó mús? Was *hat mir am meisten* gefallen (vaas h'at miir am <u>mai</u>-sten gué- <u>falen</u>)? No lo sé. Ich weiß *es **nicht*** (ij vais és nijt). Pero sé que estaréeis muy felices durante la luna de miel porque París es la ciudad perfecta para el amor y por eso el lugar ideal para una luna de miel. Aber ich weiß, dass Sie während dieser Reise sehr glücklich sein werden, weil Paris die perfekte Stadt ist, um sich zu lieben und deshalb der ideale Ort für eine Hochzeitsreise (<u>aa</u>-bèr ij vais das sii <u>vèè</u>-rend <u>dii</u>-sèr <u>rai</u>-se sèèr <u>glyk</u>-lich sain <u>ver</u>-den vail pa-<u>ris</u> dii pèrfèk- te shtat ist um sich tsu lii-ben und dés-h'alb dèèr idé-a-le ort fyyr ai-ne h'oj-tsaitsraise).

D Nesesitamos las tarjetas de embarque? Wir brauchen die Bordkarten (viir braujen dii bordkarten)

E Les las do. Ich gebe **sie Ihnen.**
Pues buen vuelo y mucha suerte. Dann einen guten Flug und viel Glück (dan ainen guuten fluug und viil glyk).

P25: Charterflug componentes del sostantivo compuesto? **R25:**C3 **P26: kommt an** por qué ankommen es separable? **R26:** C5 **P27: haben** participio pasado con 'haben': regla? **R27:** C6 **P28: am meisten** comparativo? **R28:** C4
P29: den caso? **R29:** C2 **P30: blauen** regla? **R30:** C4 **P31: vom** qué contracción? **R31:** C2 **P32: einer** declinación del artículo indefinido, regla? **R32:** C2 **P33: nicht** Cómo se forma la negación? **R33:** C7 **P34: sie Ihnen** regla? **R34:** C7

V Expresiones importantes

¿puedo / kann ich, se puede / kann man puedo aparcar aquí/ kann ich hier parken (kan ich h'iir par-ken), dejar las maletas aquí / die Koffer hier lassen (h'iir la-sen), ir a pie / zu Fuß gehen (tsu fuus gué-en), sacar fotos / Fotos machen (fo-toos ma-jen), invitarlo/la / kann ich Sie einladen? (sii ain-laaden), acompañarla a casa/ Sie nach Hause begleiten (sii naj h'ause bé-glai-ten)?

Por favor aprender las palabras en el vocabulario de oficina a pie.

Octavo día

Adjetivo posesivo

El adjetivo posesivo indica la pertenencia de un sustantivo a una cosa o una persona y está de acuerdo con el nombre al que se refiere, en género, número y caso.

El adjetivo posesivo nunca es precedido por el artículo.

m	f	n	pl
mein	*meine*	**mein**	*meine*(m, n, f)
mi	mi	mi	mis
dein	*deine*	dein	*deine*
tu	tu	tu	tus
proprietario (m)			
sein	*seine*	sein	*seine*
su	su	su	sus
proprietaria (f)			
ihr	*ihre*	ihr	*ihre*
su	su	su	sus
proprietario (n)			
sein	*seine*	sein	*seine*
su	su	su	sus
Ihr	*Ihre*	Ihr	*Ihre*
su	su	su	sus
unser	*unsere*	unser	*unsere*
nuestro	nuestra	nuestro/a	nuestros/as
euer	*eure*	euer	*eure* (1)
vuestro	vuestra	vuestro/a	vuestros/as
ihr	*ihre*	ihr	*ihre*
su	su	su	sus
Ihr	*Ihre*	Ihr	*Ihre*
su	su	su	sus

E Aquí está mi amigo / hier ist **mein** Freund.
Aquí está mi amiga / hier ist **meine** Freundin.
Hier ist **mein** Haus / aquí está mi hogar. Aquí están mis hijos. Hier sind **meine** Söhne. Aquí están mis casas. Hier sind **meine** Häuser. Aquí están mis hijas Hier sind **meine** Töchter.

R Los adjetivos posesivos al *genero femenino* y *al plural* son idénticos. (**R 35**)
(1) El adjetivo posesivo ‚euer' pierde la letra ‚e' en el medio, cuando se agrega una terminación.
E euer Vater, euere > eure Mutter,
euere > eure Brüder
R En alemán, **el sexo del proprietario** determina la forma del adjetivo.
E Karl estacionó su auto. **Karl** hat **sein** Auto geparkt.
Carmen estacionó su auto. **Carmen** hat **ihr** Auto geparkt

La declinación del adjetivo posesivo

Tabla 11: <u>Declinación del adjetivo posesivo</u>

	N	A	D	G
m	**mein**	mein(d)en	mein(d)em	mein(d)es
f	**meine**	meine	mein(d)er	mein(d)er
n	**mein**	mein	mein(d)em	mein(d)*es*
pl	**meine**	meine	mein(d)en	mein(d)er

Como la declinación del artículo indefinido (C2) la declinación del adjetivo posesivo se forma con las dos últimas letras del artículo definido.

Regla: el adjetivo posesivo + las dos últimas letras del artículo definido. (R 37)

Excepciones: los adjetivos posesivos subrayados.

<u>Regla mnemotécnica</u>:

Mi padre piensa: al mirar el espejo, mi esposa ve a mi esposa, mi hijo ve a mi hijo, mis padres ven a mis padres.

Mein Vater denkt: den Spiegel betrachtend sieht **meine** Frau meine Frau, sieht **mein** Kind mein Kind, sehen **meine** Eltern meine Eltern.

Ver tabla 15, C10

V <u>Expresiones importantes</u>

¿dónde / wo (voo) dónde está/hay … wo ist / gibt es … está el/la … más cercano/a / ist der / die / das nächste … tiene lugar / findet statt (<u>fin</u>-det shtat), puedo encontrar / comprar / kann ich finden / kaufen (kan ij <u>fin</u>-den <u>kau</u>-fen) quedamos / treffen wir uns (<u>trè</u>-fen viir uns), puedo comprar los billetes / kann ich die Fahrscheine kaufen (kann ij dii <u>faar</u>shaine <u>kau</u>fen)?

¿Dónde está / wo ist (voo ist) la gasolinera más cercana / die nächste Tankstelle (<u>tank</u>-shté- le), el alquiler de coches / die Autovermietung (<u>autoo</u>-fèr-miitung), la consigna / die Gepäckaufbewahrung (gué-<u>pèk</u>-auf- bévaarung) la ventanilla / der Fahrkartenschalter (<u>faar</u>-kartenshalter), la facturación / das Chek-in (tshèk-<u>in</u>), un cajero automático / ein Geldauto mat (<u>guèld</u>automaaat), la oficina de turismo / das Fremdenverkehrsamt (<u>frém</u>-denfèrkéérsamt), un buzón / ein Briefkasten (<u>briif</u>-kasten)?

V Los pronombres posesivos

V Tabla 12: Los pronombres posesivos

m	f	n	pl
meiner	*meine*	**meines**	*meine* (m / n / f)
el mío	la mía	lo mío	los/las míos/as
deiner	*deine*	**deines**	*deine*
el tuyo	la tuya	lo tuyo	los/las tuyos/as
m:seiner	*seine*	seines	*seine*
el suyo	la suya	lo suyo	los/las suyos/as
f: ih**rer**	*ihre*	ih**res**	*ihre*
el suyo	la suya	lo suyo	los/las suyos/as
n: seiner	*seine*	seines	*seine*
el suyo	la suya	lo suyo	los/las suyos/as
unser**er**	*unsere*	unser**es**	*unsere*
el nuestro	la nuestra	lo nuestro	los/las nuestros/as
eur**er**	*eure*	eur**es**	*eure*
el vuestro	la vuestra	lo vuestro	los/las vuestros/as
ihr**er**	*ihre*	ihr**es**	*ihre*
el suyo	la suya	lo suyo	los/las suyos/as
Ihr**er**	*Ihre*	Ihr**es**	*Ihre*
el suyo	la suya	lo suyo	los/las suyos/as

A: Aquí está mi madre. Hier ist *meine* Mutter.

B: Aquí está la mía. Hier ist *meine*.

A: Aquí están mis hermanos, mis hijos, mis hermanas. Hier sind *meine* Brüder, *meine* Kinder, *meine* Schwestern.

B: Aquí están los míos. Hier sind *meine*.

R El género femenino y el plural (m/n/f) de adjetivos posesivos y pronombres posesivos son lo mismo.

A: Aquí está mi padre. Hier ist mein Vater.

B: Aquí está el mío. Hier ist mein**er**.

R El adjetivo posesivo masculino + **er** > el
   pronombre posesivo masculino:
   mein + **er** > mein**er**
A: Aquí está mi libro.
B: Aquí está el mío. Hier ist mein**es**.
R El adjetivo posesivo neutral + **-es** > el
   pronombre posesivo neutral:
   mein + **es** > mein**es**.
La declinación de los pronombres posesivos
meiner, meine, meines, meine (pl) se forma de la
manera siguiente:
meine + la última letra del artículo definido
(meinee > meine)
Ver tabla 15, C10.

El pronombre interrogativo: welche/r/s

En alemán el pronombre interrogativo 'que' se
traduce con 'welche/r/'s.

Tabla 12: <u>Declinación del pronombre
interrogativo 'welche/r/s</u>

	N	A	D	G
m	welcher	welchen	welchem	welches
f	welche	welche	welcher	welcher
n	welches	welches	welchem	welches
pl	welche	welche	welchen	welcher

La declinación del pronombre interrogativo se
forma con la última letra del artículo definido.
R **welche + la última letra del artículo de-**
   finido (R42) (welchee > welche)
   Ver tabla 15, C 10.

El pronombre interrogativo también se usa como pronombre relativo.

E El chico que ve una chica hermosa. Der Junge, **welcher** ein schönes Mädchen sieht.

Los adjetivos demostrativos diese/r/s (esta, este, esto)

Tabla 13: <u>Declinación de los adjetivos demostrativos</u>

	N	A	D	G
m	dieser	diesen	diesem	dieses
f	diese	diese	dieser	dieser
n	dieses	dieses	diesem	dieses
pl	diese	diese	diesen	dieser

R Los adjetivos dimostrativos se declinan de la siguiente manera:
diese + la última letra del artículo definido
(diesee > diese)
(**R 36**) **Ver tabla 15, C10.**

E Este chico es tu hijo? Ist *dieser* Junge dein Sohn?
No, éste. Nein, *dieser*.

R El adjetivo demostrativo y el pronombre demostrativo son idénticos.

R Puedes usar los artículos **der, die, das** como pronombres demostrativos. (**R 40**)

E Este es un vino que proviene de España; éste es muy bueno. Das ist ein Wein, der aus Spanien kommt; **der** ist sehr gut.

V Pronombres relativos

Tabla 14: Declinación de pronombres relativos

	N	A	D	G
m	der	den	dem	des-**sen**
f	die	die	der	der-**en**
n	das	das	dem	des-**sen**
pl	die	die	den-**en**	der-**en**

R El pronombre relativo se declina como el artículo definido (**R 38**) (**ver tabla 15, C10**)

Excepciones: El pronombre tiene la terminación -**sen** (G m, n) y -**en** (G f y Pl, D Pl).

Regla mnemotécnica:

Ich treffe Herr Maier, den ich kenne und des-**sen** Freundin und de-**ren** Mann und des-**sen** Brüder und de-**ren** Freunde, mit den-**en** wir ein Fest feiern.

V Los pronombres interrogativos 'wer' / quién y 'was? / qué

R Los pronombres interrogativos 'wer? y 'was' se declinan como los pronombres relativos reemplazando al género masculino y al género neutro la letra **d** para **w**. (**R 43**)

	N	A	D	G
m	d**er**/*wer*	d**en**/wen	d**em**/wem	d**essen** /wessen
n	d**as**/*was*	d**as**/ was	Ver tabla 15, C10.	

Usamos los pronombres interrogativos 'wer' y 'was' también como **pronombres relativos**:

Esto es lo que estoy buscando. Das ist das, *was* ich suche.

La llegada en el hotel / die Ankunft im Hotel

Un hotel en Múnich
Sara S, Diego D, su hija Nora N, señor H

D Buenas tardes, me llamo Diego Días. Guten Abend, ich heisse Diego Días (<u>guu</u>-ten <u>aa</u>-bend ij <u>h'ai</u>-se).

H Encantado. Sehr erfreut (sèèr èr-<u>froit</u>).

D Tienen una habitación doble y una habitación individual para nuestra hija? Haben Sie ein Doppelzimmer und ein Einzelzimmer für **unsere** Tochter (<u>h'aa</u>ben sii ain <u>do</u>-peltsimer und ain <u>ain</u>-tsel- tsimer fyyr <u>un</u>-sere <u>toch</u>-ter).

H Cuánto tiempo quieren quedarse? Wie lange wollen Sie bleiben Sie (vii <u>lan</u>-gue wollen Sie <u>blai</u>-ben)

D Por una semana.Für eine Woche (fyr <u>ai</u>-ne <u>vo</u>-je).

H Tienen suerte. Sie haben   Glück (sii <u>h'aa</u>-ben glyk). A pesar de la temporada alta tengo unas habitaciónes libres. Obwohl wir uns in der Hauptsaison   befinden, gibt es noch einige freie Zimmer (ob- <u>vool</u> viir uns in dèèr <u>h'aupt</u>- sèsoo be-<u>fin</u>-den guibt és noch <u>ai</u>-nigue <u>frai</u>-e <u>tsi</u>-mer). Tengo dos habitaciónes con baño, balcón y vistas a las montañas. Es gibt zwei Zimmer mit Bad, Balkon und Sicht auf die Berge. (és guibt tsvai <u>tsi</u>-mer mit baad bal-<u>koon</u> und sicht auf dii bèrgue).

S Cuánto cuestan con desayuno, media pensión y pensión competa? Wie viel kosten eine Übernachtung mit Frühstück, Halbpension und Vollpension (vii viil <u>kos</u>-ten <u>ai</u>-ne ybèr-

70

naj-tung mit fryy-shtyk h'alb-pension und
fol-pension)?

H Aquí tiene la lista de precios. Hier ist die
Preisliste (hiir ist dii prais-liste).

S Es muy caro. Es ist sehr teuer (és ist sèèr
toier). Tienen tambiéen unas habitaciónes más
baratas? Haben Sie auch preisgünstigere Zimmer (h'aa-ben sii auj praisgynstiguere tsi-
mer)?

H Claro que sí. Na klar (na klaar). Tengo dos
habitaciónes con ducha. Ich habe zwei Zimmer mit Dusche (ijh h'aabe tsvai tsi-mer
mit du-shé).

S Podríamos verlas? **Könnten** wir sie sehen?
(koent-en viir sii sè-h'en)?

H Sehr gern (sèèr guèrn) Las habitaciónes están
en el cuarto piso. Die Zimmer sind im vierten
Stock (dii tsi-mer sind im_fiirten shtok). Aquí
está el ascensor. Hier ist der Aufzug (hiir ist
dèèr auf-tsuug).
Después de la visita. Nach der Besichtigung.

S Nos gustan las habitaciónes mucho. Die Zimmer gefallen uns sehr gut (dii tsimer gué-fal-
en uns sèèr guut). Nos quedamos con el-
las.Wir nehmen sie (viir néé-men sii).

H Entonces rellenar este formulario de ingreso,
por favor. Füllen Sie bitte **dieses** Anmelde-
formular aus (fy-len sii bi-te dii-ses
anmeldeformu-laar aus). Firmar aquí por
favor. Bitte unterschreiben Sie hier (bi-te
untershraiben sii hiir).

D Hay alguien que podría llevar el equipaje a la
habitación? Gibt es jemand, **der** das Gepäck
in das Zimmer bringen könnte (guibt és
lléé-mand dèèr daas gépèk in daas tsimer

71

bringen <u>koen</u>te)?

H El botones lleva las maletas a la habitación.
Der Hotelboy bringt die Koffer in das Zimmer
(dèèr hot<u>el</u>boi bringt dii <u>k</u>ofer in daas <u>ts</u>imer).
Aquí tienen las llaves. Hier sind die Schlüssel
(h'iir sind dii <u>shly</u>-sel).

S A qué hora es el desayuno? Um wie viel Uhr
ist das Frühstück (um <u>vii</u> fiil uur ist daas
fryy- shtyk)?

H De ocho a diez. Von acht bis zehn Uhr (fon
ajt bis tséén uur). El restaurante está al fondo
del pasillo. **Das** Restaurant ist am Flurende
(daas rèstoorannt ist am fluur -<u>én</u>-de).

D Mañana queremos levantarnos temprano.
Morgen wollen wir früh aufstehen (<u>morgu</u>en
volen viir fryy <u>auf</u>shtéhen). Por favor
despertar nos a las ocho. Wecken Sie uns bitte
um acht Uhr (<u>weken</u> sii uns bitte um ajt uur).

H Por supuesto. Selbstverständlich (sèlbstfèr-
<u>stènd</u>lij). Buenas noches Gute Nacht (<u>guute</u>
najt).
*Después de una semana muy bella. Nach
einer sehr schönen Woche.*

D Salimos hoy. Wir reisen heute ab (viir <u>rai</u>-sen
h'<u>oi</u>-te ab). A qué hora hay que dejar libre la
habitación? Bis wann müssen wir die Zimmer
räumen (bis van <u>my</u>-sen viir dii <u>ts</u>i-mer <u>r</u>oi-
men)?

H Hasta las diez. Bis um zehn Uhr (bis um tséén
uur).

D Preparar mi cuenta, por favor. Bereiten Sie
bitte **meine** Rechnung vor(be<u>rai</u>ten sii bité dii
<u>rè</u>jnung voor.)
Hasta la vista. Auf Wiedersehen (auf <u>wii</u>-
dersèhen) Me ha gustado mucho estar aquí.

Es hat mir sehr gut gefallen (és h'at miir sèèr guut guéfalen).

S Hemos tenido una estancia muy agradable. Wir haben einen sehr angenehmen Aufenthalt gehabt (viir h'aaben ainen sèèr anguénéémen aufenthalt guéhabt).

N Adiós. Tschüss (tshys). Ha sido estupendo. Es war toll (és vaar tol).

H Buen regreso. Gute Rückfahrt (guute rykfaart)

P35: **unsere** idéntico con qué otro adjetivo posesivo ? **R35**: C8   **P36**: **dieses** declinación de los adjetivos dimostrativos, regla? **R36**:C8 **P37**: **meine** declinación del adjetivo posesivo, regla? **R37**: C8

V **P38**: **der** declinación del pronombre relativo, regla? **R38**: C8 **P39**: **könnten** qué expresa il Konjunktiv II? **R 39**: C6 **P40**:**das** se puede usar los articolso der, die, das cómo qué pronombre? **R40**: C8

V Expresiones importantes

¿cuándo / wann (van), **a qué ora / um wie viel Uhr** (um vii viil uur) **abren** / öffnet (oef-net), **cierran** / schließt (shliist), **empieza** / beginnt (bé-guint), **termina** / endet (én-det) **sale** / fährt … ab (fèèrt ab), **llega** / kommt … an (komt an), es el/la proximo/a / ist der / die / das nächste (ist dèèr dii daas nèk-ste)? ¿A partir de qué hora se puede entrar / ab wieviel Uhr ist Einlass (ab viifiil uur ist ainlas)?
Por favor aprender las palabras en el vocabulario de piso **a** reservar.

Nono día

El espacio / der Raum

por	**durch** (durch)
dentro de	**innerhalb** (<u>i</u>-nerh'alb)
fuera de	**außerhalb** (<u>au</u>-sèrh'alb)
delante de	**vor** (foor)
detrás de	**hinter** (<u>h'in</u>-tèr)
junto a	**neben** (<u>nèè</u>-ben)
sobre	auf
debajo de	unter
cerca de	**in der Nähe** (in dèèr <u>nèè</u>-h'e)
enfrente de	**gegenüber** (guéguen-yy<u>-</u>bèr)

La llegada / die Ankunft

He llegado ...	**Ich bin angekommen ...**
hace siete días	vor sieben Tagen (foor <u>sii</u>-ben <u>taa</u>-guen)
anteayer	vorgestern (<u>foor</u>-guéstern)
ayer	gestern (<u>gué</u>-stern)
hoy	heute (<u>h'oi</u>-te)
acabo de llegar	ich bin gerade angekommen
estoy llegando	Ich komme gerade an.

La salida / die Abreise

Voy a partir. Ich werde gleich abreisen (ich vèr-de glaich <u>ab</u>-raisen).

salgo ...	**Ich reise ab ...**
ahora	jetzt
inmediatamente	sofort (so-<u>fort</u>)

dentro de dos horas	in zwei Stunden (in tsvai <u>shtun</u>-den)
hoy porla mañana	heute Vormittag (h'<u>oi</u>-te <u>foor</u>-mitaag)
esta tarde	heute Nachmittag (<u>h'oi</u>-te <u>naj</u>-mitaag)
esta noche	heute Nacht (<u>h'oi</u>-te najt)
mañana	morgen (<u>mor</u>-guen)
pasado mañana	übermorgen
pronto	bald
dentro de ocho días	in acht Tagen
en el plazo de dos semanas	innerhalb von zwei Wochen

La frecuencia / die Häufigkeit

nunca	niemals (<u>nii</u>-mals)
a veces	manchmal (<u>manch</u>-maal)
muchas veces	oft (oft)
las más veces	meistens (<u>mai</u>-sténs)
siempre	immer (<u>i</u>-mer)

Das Futur / el futuro

R El futuro simple se forma de la siguiente manera:

El auxiliar 'werden' al presente indicativo + el infinitivo del verbo al final de la oración. (**R 24**) El verbo **werden** cambia la vocal: e > **i**.

Conjugación del presente indicativo: ich werde, du wirst, er / sie / es wird, wir *werden*, ihr werdet, sie *werden*.

E Voy a ir al concierto con Carmen. Ich **werde** mit Carmen ins Konzert **gehen**.

R Cuando hay un adverbio de tiempo que indica

75

el futuro, los alemanes a menudo usan el indicativo presente en lugar del futuro, por ejemplo:
Mañana iremos al concierto. Morgen gehen wir ins Konzert.

V Amigos equivocados

complemento / Ergänzung **Kompliment n** /
                         piropo
concurrencia / Zulauf m   **Konkurrenz f** /
                         competencia
concurso / Wettbewerb m **Konkurs m** / quiebra
concepto / Vorstellung f **Konzept n** / borrador
mantel / Tischdecke f   **Mantel m** / abrigo
mapa / Landkarte f   **Mappe f** / carpeta

V Expresiones importantes

¿Cuál es / was (welche/r/s) ist / el prefijo / welche Vorwahl (vél-je foor-vaal), el número de teléfono / welche Telefon nummer (vél-je téléfoon-numer), la tarifa / welche Gebühr (vél-je gué-byyr), el voltaje / welche Stromspannung (vél-je stroomshpanung), la dirección / welche Adresse? ¿Cuál es el pronóstico del tiempo / welche Wettervorhersage gibt es (vél-je vètèrfoor-h'èèr- saagué guibt és)? Cuál es el día del mercado / an welchem Tag ist Markt (an vél-jem taag ist markt)?

Al restaurante / Im Restaurant

Un restaurante en Múnich
Sara S, Diego D, Nora N, camarera C

D Buenos días. Guten Tag (<u>guu</u>-ten taag). Siento
llegar tarde.. Ich bedauere die Verspätung
(ich be-<u>dau</u>-ere dii fèr-<u>shpèè</u>-tung).

C No importa. Das macht *nichts* (daas majt
nijts).

D Me llamo Diego Días. Mein Name ist Diego
Días (main <u>naa</u>-me ist). Tengo una reserva
para tres personas. Ich habe für drei Personen
reserviert (ich <u>h'aa</u>-be fyyr drai pèr-<u>soo</u>-nen
résèr-<u>viirt</u>).

C En esta mesa pueden sentarse. Sie können
sich an diesen Tisch setzen (sii <u>koe</u>nen sij an
dii<u>s</u>en tish <u>set</u>sen). Aquí tienen la carta y la
lista de bebidas. Hier ist die Speisekarte und
die Getränkeliste (hiir ist dii <u>spai</u>-<u>s</u>e-karte und
dii gué-<u>trèn</u>-keliste). ¿Desean un aperitivo?
Wollen Sie einen **Aperitif** (<u>vol</u>-en sii <u>ai</u>-nen
apéri-<u>tif</u>)?

S Un vaso de vino espumoso con jugo de na-
ranja.
Ein Glas Sekt mit Orangensaft (ain glaas sèkt
mit o-<u>ran</u>-shensaft).

N Un aperitivo sin alcohol. Einen **alkoholfreien**
Aperitif (<u>ai</u>- nen alko-<u>h'ool</u>-fraien apéri-<u>tif</u>).

D Una copa de champan. Ein Glas Champag-
ner (ain glaas sham-<u>pan</u>-llèr).
Despues del aperitivo. Nach dem Aperitif.

C ¿Qué quieren para beber? Was wünschen Sie
zu trinken (vaas <u>vyn</u>-shen sii tsu <u>trin</u>-ken) ?

S Yo quiero una copa de vino blanco. Für mich

ein Glas Weißwein (fyyr mij ain glaas <u>vais</u>-vain).

N Para mí un zumo de fruta. Für mich einen Fruchtsaft (fyyr mij <u>ai</u>-nen <u>frucht</u>-saft).

D Una cerveza de barril. Ein Bier vom Fass (ain biir fom fas).

C ¿Qué quieren de primero? Welche **Vorspeise** wünschen Sie (<u>vél</u>-che <u>foor</u>-shpaise <u>vyn</u>-shen sii)?

D Melone e prosciutto. Melone und Schinken (mé-<u>loo</u>-ne und <u>shin</u>-ken).

N Una sopa con frijoles. Eine Bohnensuppe (<u>ai</u>-ne <u>boo</u>-nen<u>s</u>upé).

S Una sopa con tomate. Eine Tomatensuppe (<u>ai</u>-ne to-<u>maa</u>-tensupé).

C ¿Qué quieren de segundo? **Was** möchten Sie als Hauptgericht (vaas <u>moech</u>-ten sii als h'<u>aupt</u>-guérijt)?

N Para mí una comida vegetariana. Für mich ein vegetarisches Gericht (fyyr mij ain végué-<u>taa</u>-rishes gué-<u>richt</u>).¿Qué comida me recomienda? **Welches** Gericht empfehlen Sie mir (<u>vél</u>-jes gué-<u>richt</u> empfèèlen sii miir)?

C Le recomiendo lenguado gratinado con arroz. Ich empfehle Ihnen gratinierte Seezunge mit Reis (ij em<u>pfè</u>le iinen grati<u>niir</u>te <u>séé</u>tsunge mit rais).

D Para mí asado de cerdo y bolas. Für mich Schweinebraten und Klöße (fyyr mij <u>shvai</u>-nebraaten und <u>kloeoe</u>se).

S Para mí bistec con patatas fritas y ensalada mixta. Für mich das Steak und einen gemischten Salat (fyyr mij daas stèèk und <u>ai</u>-nen gué-<u>mish</u>-ten sa-<u>laat</u>).

C ¿Cómo quiere el bistec: poco hecho, medio

hecho, muy hecho? Wie möchten Sie das
Steak: blutig, halb gar oder durchgebraten
(vii moejten sii daas stèèk buu-tig h'alb-
gaar o-dèr durch-guébraaten)?

S Medio hecho. Halb gar (h'alb-gaar).

C ¿Qué salsa para la ensalada? Welche Salat-
sauce (vél-je sa-laat-soose)?

S Salsa de yogur. Joghurtsoße (llogurt-soo-se).
*Después del plato principal. Nach dem
Hauptgericht.*

C ¿Qué desean de postre? Was wünschen Sie
als Dessert (vaas vyn-shen sii als de-sèèr)?

D ¿Qué sabores de helado hay? Welche Eissor-
ten gibt es (vél-che ais-sorten guibt és)?

C Frambuesa, chocolate, limón, vainilla, albaricoque, fresa, nuez. Himbeere, Schokolade,
Zitrone, Vanille, Aprikose, Erdbeer, Walnuss
(h'imbéére shokolaade tsitroone va-ni-lé
apri-koo-se èrd-béére val- nus).

D Un helado variado con crema. Gemischtes Eis
mit Sahne (gué-mish-tes ais mit saa-ne).

S ¿Qué pasteles tiene? Welche Kuchen haben
Sie (vel-je kuu-jen h'aa-ben sii)?

C Tarta de frutas y tarta de manzana. Früchte-
kuchen und Apfelkuchen (frych-tekuujen
und ap-felkuujen).

S Una tarta de manzana y un café. Einen
Apfelkuchen und einen Kaffee (ai-nen ap-
felkuujen und ai-nen ka-féé).

N Apfelstrudel con salsa de vainilla y té de limón. Apfelstrudel mit Vanillesauce und Tee
mit Zitrone (ap-felstruudel mit va-ni-lésoosé
und téé mit tsi-troo-ne).
*Después de una comida muy buena. Nach
einem guten Essen.*

C Les ha gustado? War es gut (vaar és guut)?
S Estaba buenísimo. Es war sehr gut (és vaar sèèr guut). Do la enhorabuena al cocinero. Ich gratuliere dem Koch (ij gratu<u>iire</u> déém koj).
D Me trae la cuenta, por favor. Bringen Sie mir bitte die Rechnung. (bringen sii miir bité dii r<u>èj</u>-nung). Todo junto. Alles zusammen (<u>a</u>-les tsu-<u>sa</u>-men).
C He aquí la cuenta. Hier ist die Rechnung (hiir ist dii r<u>èj</u>nung).
D Está bien así. Es stimmt so (és stimt soo).
C Muchas gracias. Vielen Dank (<u>vii</u>len dank)

P41: einen **alkoholfreien** declinación del adjetivo con el artículo indefinido, regla? **R41**: C4 **P42**: **welches** declinación del pronome interrogativo 'welche/r/s, regla? **R42**: C8
V P43: **was** declinación de los pronombres interrogativos 'wer?' y 'was?', regla? **R43**: C8 **P44 Richten …aus** regla? **R44**: C6

V Expresiones importantes
Quiero / ich will (ij vil)   bajar / aussteigen (<u>aus</u>-shtaiguen), pagar / zahlen (<u>tsaa</u>-len), llevar / mitnehmen (<u>mit</u>-néémen), denunciar un robo / einen Diebstahl anzeigen (<u>ai</u>-nen <u>diib</u>-shtaal <u>an</u>-tsaiguen), depositar en la caja / im Safe deponieren (im sééf dépo-<u>nii</u>-ren), fijar una cita / einen Termin vereinbaren(ai-nen tèr-min fèr<u>ain</u>baaren), visitar / besichtigen (bé-<u>sij</u>-tiguen), comprar / kaufen (<u>kau</u>fen), alquilar / mieten (<u>mii</u>ten)
Por favor imparar las palabrsa en el vocabulario de <u>restaurante</u> a <u>servir</u>.

Décimo día

Las preposiciones

E Hacia el momento de la campaña electoral el padre de Carmen viaja por el país sin perder su coraje, para mantener discursos por el candidato A y en contra el candidato B.

Um die Zeit des Wahlkampfes fährt der Vater von Carmen **ohne** den Mut zu verlieren **durch** das Land, um **für** den Kandidaten A und **gegen** den Kandidaten B Reden zu halten.

R **Preposición + acusativo: um, ohne, durch, für, gegen.**

E Carmen viene en tren desde Sevilla. Compré flores en una florería y espero desde una hora en el andén. Después de su llegada vamos a algunos amigos para hacer una fiesta con aquellos.

Carmen kommt **mit** dem Zug **aus** Sevilla. Ich habe Blumen **von** einem Blumenhändler gekauft und warte **seit** einer Stunde auf dem Bahnsteig. **Nach** ihrer Ankunft gehen wir **zu** einigen Freunden, um **bei** diesen ein Fest zu feiern.

R **Prepocición + dativo: mit, aus, von, seit, nach, zu, bei.**

E Debido a la batería agotada, Carmen no pudo informarme durante el viaje que, en lugar del horario, habrá una huelga y ella llegará más tarde. A pesar del retraso, fue una buena fiesta.

Wegen des leeren Akkus konnte Carmen

81

mich **während** der Reise nicht informieren, dass es **statt** des Fahrplans einen Streik gibt und sie **infolge** des Streikes später ankommen wird. **Trotz** der Verspätung war es ein schönes Fest.

R **Preposición + genitivo: wegen, während, statt, infolge, trotz.**

V En los grandes almacenes

¿Le puedo ayudar? Kann ich Ihnen helfen (kan ij ii-nen h'èl-fen)*?* Gracias, sólo estoy mirando.. Danke, ich schaue mich nur um (dan-ke ij shau-e mich nuur um). ¿Cuánto es? Wieviel kostet das (viifiil kostet daas)? Es demasiado caro. Es ist zu teuer (és ist tsu toier). ¿Tiene algo más barato? Haben Sie etwas Billigeres (h'aaben sii etvas biligueres)? Esto me gusta; lo llevo. Das gefällt mir; ich nehme *es* (daas gué-fèlt miir ij néé-me és). ¿Puedo pagar con esta tarjeta de crédito? Kann ich mit dieser Kreditkarte bezahlen (kan ij mit dii-ser kré-dit-karte bé-tsaa-len)? Quiero un recibo. Ich möchte eine Quittung (ij moejte aine kvitung). ¿Puede envolverlo / können Sie es einpacken (koenen sii és ainpaken)?

V Pedir disculpas

Lo siento (mucho)	Es tut mir (sehr) leid
Perdón	Entschuldigung
Perdona	Entschuldige
Perdone	Entschuldigen Sie
Disculpa	Verzeih
Disculpe	Verzeihen Sie
Le pido (mil) disculpas	Ich bitte (vielmals) um Entschuldigung

Tabla 15: Derivación de declinaciones

	N	A	D	G
m	(der)	den	dem	des
f	(die)	(die)	der	der
n	(das)	(das)	dem	des
pl	(die)	(die)	den	der

A **Derivación de las declinaciones sin las palabras entre paréntesis.**

1. El artículo indefinido: **ein + las últimas dos letras del artículo definido**. Regla mnemotécnica para las palabras entre paréntesis: **Ein** Mann denkt: den Spiegel betrachtend, sieht **eine** Frau eine Frau, sieht **ein** Mädchen ein Mädchen.

2. El adjetivo posesivo (por ejemplo mein): **mein + las dos últimas letras del artículo definido**. Regla mnemotécnica para las palabras entre paréntesis: **Mein** Vater denkt: Den Spiegel betrachtend, sieht **meine** Frau meine Frau, sieht **mein** Kind mein Kind, sehen **meine** Eltern meine Eltern.

B **Derivación de las declinaciones con las palabras entre paréntesis.**

1. El pronombre interrogativo welche/r/s: **welche + la última letra del artículo definido** (welchee > welche).

2. El pronombre demostrativo:diese/r/s, jene/r/s **diese (jene) + la última letra del artículo definido** (diesee > diese, jenee > jene).

3.El pronombre relativo se declina como el artículo definido.
Excepciones: final **-sen** (al genitivo masculino
y neutral). Final **-en** (al genitivo femenino y
plural y al dativo plural).
4.Los pronombres interrogativos 'wer / was' se
declinan como los pronombres relativos reemplazando al género masculino y neutral la letra
'**d**' por '**w**'.
5.Declinación de los pronombres posesivos
meiner, meine, meines, meine (pl)
meine + la última letra del artículo definido
(meinee > meine)
6. Declinación de los pronombres
einer, eine, eines
keiner, keine, keines
(al nominativo, acusativo, dativo):
**eine / keine + la última letra del artículo
definido**   (einee > eine, keinee > keine)

V Despues un accidente

Ha habido un accidente. Ein Unfall ist passiert
(ain unfal ist pas<u>iir</u>t). Es una emergencia. Es ist
ein Notfall (és ist ain <u>noot</u>fal). Hay heridos de
gravedad. Es gibt Schwerverletzte (és guibt
shvè<u>èr</u>vèrletste). Llame enseguida una ambulancia y la policía. Rufen Sie sofort einen Krankenwagen und die Polizei (<u>ruu</u>-fen sii so<u>fort</u> <u>ai</u>-
nen <u>kran</u>-kenvaaguen und dii poli-<u>tsai</u>). Puede
darme su nombre y apellido, su dirección y su
seguro. ¿Können Sie mir Ihren Vornamen und
Nachnamen, Ihre Adresse und Ihre Versicherung
geben (<u>koe</u>nen sii miir <u>ii</u>ren <u>foor</u>naamen und
<u>naaj</u>naamen <u>ii</u>re a<u>drè</u>se und <u>ii</u>re fèr<u>sij</u>erung
<u>guèè</u>ben)?

84

V Hablar con el médico.

Estoy / soy …	**Ich bin** …
alérgico/a a	allergisch gegen
	(a-lèr-guish <u>guéé</u>-guen)
vacunado/a contra	geimpft gegen
	(gué-<u>impft</u> <u>guéé</u>-guen)
me he caído	gestürzt (gué-<u>shtyrtst</u>)
embarazada de …meses	im .. Monat schwanger
	(<u>moo</u>-nat <u>shvan</u>guer)
diabético/a	Diabetiker (dia-<u>béé</u>-tiker)
Tengo …	**Ich habe** …
dolor de cabeza	Kopfschmerzen
	(<u>kopf</u>- shmèrtsen)
dolor de oído	Ohrenschmerzen
	(<u>oo</u>-renshmèrtsen)
dolor de garganta	Halsschmerzen
	(<u>h'als</u>- shmèrtsen)
dolor de espalda	Rückenschmerzen
	(<u>ry</u>-kenshmèrtsen)
il mal di stomaco	Magenschmerzen
	(<u>maa</u>- guenshmèrtsen)
dlor de vientre	Bauchschmerzen
	(<u>bauj</u>-shmèrtsen)
un raffredore	eine Erkältung
	(<u>ai</u>-ne èr-<u>kèl</u>-tung)
fiebre	Fieber (<u>fii</u>-ber)
la tosse	Husten (<u>h'uus</u>-ten)
una indigestión	eine Verdauungsstörung
	(<u>ai</u>-ne fèr-<u>dau</u>- ungsshtoeoerung)
la diarrea	Durchfall (<u>durch</u>-fal)
he vomitado	mich übergeben
	(mich ybèr-<u>guèè</u>-ben)
la tensión alta / baja	einen hohen / niedrigen

Blutdruck
(ai-nen h'oo-en nii-driguen bluut-druk)
la nausea   Brechreiz (brèj-raits)
los trastornos circulatorios   Kreislaufstörungen
(krais-lauf-shtoeoerunguen)
i dolori qui   Es tut hier weh (és tuut h'iir véé).
Este es mi medicamento habitual. Ich nehme
dieses Medikament regelmäßig (ich néé-me dii-
se médika-mén- té ré-guelmèèsig).
Llevo un marcapasos.   Ich habe einen Herz-
schrittmacher (ij h'aabe ainen hèrtsshritmajer).
¿Podría darme un recibo para mi seguro?
Könnten Sie mir eine Quittung für meine
Versicherung geben (koenten sii miir aine
kvitung fyyr maine fèrsijerung guéében)?

V Expresiones importantes

¿Tengo / tiene qué / muss ich (mus ij), **muss
man** (mus man) reservar / reservieren
(résèrviiren), cambiar de / umsteigen (um-
shtaiguen), pagar una caución / eine Kaution
zahlen (ai-ne kautsi-oon tsaa-len)?
¿me puede / können Sie mir (koe-nen sii miir)
explicar / erklären (èr-klèè-ren), pedir / bestellen
(bé-shté-len), recomendar / empfehlen (em-pfèè-
len), procurarmi / besorgen (bé-sor-guen),
mostrar / zeigen (tsai-guen), ayudar / helfen
(h'èl-fen), llevar / bringen (bringen), dar / geben
(guèèben), prestar / ausleihen (auslaien) decir /
sagen (saaguen), llamar un taxi / ein Taxi holen
(ain taksi h'oolen)?

**Por favor aprender las palabras en el vocabu-
lario de siempre a zumo.**

V Verbos irregulares I

Grupo 1:

Infinitivo	3.pers. del Sg pretérito	auxiliar + participio pasado	tra-ducción
a	**ä**	**ie/i**	**a**
laufen	läuft	lief	ist gelaufen	correr
blasen	bläst	blies	hat geblasen	soplar

Regla mnemotécnica:

E Te piedo a <u>detener</u> y <u>dejar</u> el auto en el esta-cionamento porque quiero <u>dormir</u> un poco.

detener / **halten**, dejar / **lassen**, dormir / **schlafen**

Quiro <u>aconsejar</u>te: <u>cazar</u> el animale es peli-groso. Puedes <u>caer</u>.

aconsejar / **raten**, cazar / **fangen**, caer / **fallen**

Encuentra la tercera persona sg, el pretérito y el participio pasado de los verbos del grupo 1.
Soluciones > verbos irregolares II

Grupo 2:

a	**ä**	**u**	**a**	
graben	gräbt	**grub**	hat gegraben	cavar
schlagen	schlägt	schlug	hat geschlagen	golpear
wachsen	wächst	wuchs	ist gewachsen	crecer

Regla mnemotécnica:

E Quiro <u>cargar</u> la <u>ropa</u> en el auto. No tengo que <u>llevar</u>la y puedo <u>conducir</u>.

cargar / **laden**, ropa > lavar / **waschen**, llevar / **tragen**, conducir / **fahren**

Encuentra la tercera persona sg, el pretérito y el participio pasado de los verbos del grupo 2.
Soluciones > verbos irregulares II

Grupo 3:

e	i	a	e	
geben	gibt	gab	hat gegeben	dar
messen	misst	maß	hat gemessen	medir
treten	tritt	trat	ist getreten	ponerse

E No lo <u>olvides</u>: debes <u>comer</u> el menú, no <u>devorar</u>.

olvidar / **vergessen** comer / **essen**, devorar / **fressen**
Encuentra la tercera persona del sg, el pretérito y el participio pasado.

Grupo 4:

e	i	a	o
erschrecken asustarse	erschrickt	erschrak	ist erschrocken
nehmen tomar	nimmt	nahm	hat genommen
stechen picar	sticht	stach	hat gestochen
sterben morir	stirbt	starb	ist gestorben
werfen lanzar	wirft	warf	hat geworfen

E Quiero <u>encontrar</u> a la madre de Pablo y pedirle que me <u>ayude</u> y <u>hable</u> con Pablo. Si él cancela el compromiso, él puede <u>romper</u> mi corazón.

encontrar / **treffen**, ayudar / **helfen**, hablar / **sprechen**, romper / **brechen**

Encuentra la tercera persona sg, el pretérito y el participio pasado.

Grupo 5:

e	ie	a	e	
lesen	liest	las	hat gelesen	leer
sehen	sieht	sah	hat gesehen	ver

geschehen geschieht geschah ist geschehen
suceder

Grupo 6 :

e	ie	a	o
befehlen	befiehlt	befahl	hat befohlen

mandar
empfehlen empfiehlt empfahl hat empfohlen
recomendar
stehlen   stiehlt   stahl   hat gestohlen
robar

V Expresiones importantes

Necesito / ich brauche (ij <u>brau</u>-je), … es defectuoso / … ist kaputt (ist ka-<u>put</u>), … no funciona / … funktioniert nicht (funktsio-<u>niirt</u> nicht.¿Se puede repararlo / kann man es reparieren (kan man és repa-<u>rii</u>-ren)? ¿Cuándo estará listo / wann ist es fertig (van ist és <u>fèr</u>-tig)? ¿ está incluido … / ist … im Preis inbegriffen (ist im prais <u>in</u>-bégrifen)? Le molesta que …

stört es Sie, wenn … (shtoeoert és sii vénn)?

V <u>Verbos irregulares II y verbos modales</u>

beginnen	beginnt	begann	hat begonnen
empezar			
biegen	biegt	bog	hat gebogen
torcer			
bieten	bietet	bot	hat geboten
ofrecer			
bitten	bittet	bat	hat gebeten
pedir			
bleiben	bleibt	blieb	ist geblieben
quedar			
brechen	bricht	brach	hat gebrochen
romper			
brennen	brennt	brannte	hat gebrannt
quemar			
bringen	bringt	brachte	hat gebracht
traer			
denken	denkt	dachte	hat gedacht
pensar			
essen	isst	aß	hat gegessen
comer			
fahren	fährt	fuhr	ist gefahren
ir			
fallen	fällt	fiel	ist gefallen
caer			
fangen	fängt	fing	hat gefangen
coger			
finden	findet	fand	hat gefunden
encontrar			
fliegen	fliegt	flog	ist geflogen
volar			
fressen	frisst	fraß	hat gefressen
devorar			

gehen	geht	ging	ist gegangen	ir
gewinnen	gewinnt	gewann	hat gewonnen	
ganar				
haben	hat	hatte	hat gehabt	
tener				
halten	hält	hielt	hat gehalten	
sostener				
hängen	hängt	hing	hat gehangen	
pender				
heißen	heißt	hieß	hat geheißen	
llamar				
helfen	hilft	half	hat geholfen	
ayudar				
kennen	kennt	kannte	hat gekannt	
conocer				
kommen	kommt	kam	ist gekommen	
venir				
laden	lädt	lud	hat geladen	
cargar				
lassen	lässt	ließ	hat gelassen	
dejar				
leihen	leiht	lieh	hat geliehen	
prestar				
liegen	liegt	lag	hat gelegen	
estar echado				
nennen	nennt	nannte	hat genannt	
nombrar				
raten	rät	riet	hat geraten	
aconsejar				
rennen	rennt	rannte	ist gerannt	
correr				
rufen	ruft	rief	hat gerufen	
llamar				
scheinen	scheint	schien	hat geschienen	
brillar				

schieben	schiebt	schob	hat geschoben
empujar			
schlafen	schläft	schlief	hat geschlafen
dormir			
schließen	schließt	schloss	hat geschlossen
cerrar			
schneiden	schneidet	schnitt	hat geschnitten
cortar			
schreiben	schreibt	schrieb	hat geschrieben
escribir			
schwimmen	schwimmt	schwamm	ist geschwom- en
nadar			
sein	ist	war	ist gewesen
ser			
singen	singt	sang	hat gesungen
cantar			
sitzen	sitzt	saß	hat gesessen
estar sentado			
sprechen	spricht	sprach	hat gesprochen
hablar			
springen	springt	sprang	ist gesprungen
saltar			
stehen	steht	stand	hat gestanden
estar en pie			
steigen	steigt	stieg	ist gestiegen
subir			
stoßen	stößt	stieß	hat gestoßen
empujar			
streiten	streitet	stritt	hat gestritten
disputarse			
tragen	trägt	trug	hat getragen
llevar			
treffen	trifft	traf	hat getroffen
encontrar			

trinken	trinkt	trank	hat getrunken
beber			
tun	tut	tat	hat getan
hacer			
verbieten	verbietet	verbat	hat verboten
prohibir			
vergessen	vergisst	vergaß	hat vergessen
olvidar			
verlieren	verliert	verlor	hat verloren
perder			
waschen	wäscht	wusch	hat gewaschen
lavar			
werden	wird	wurde	ist geworden
hacerse			
wissen	weiß	wusste	hat gewusst
saber			
ziehen	zieht	zog	hat gezogen
tirar			

Verbos modales

dürfen	darf	durfte	hat gedurft
tener permiso para			
können	kann	konnte	hat gekonnt
poder			
mögen	mag	mochte	hat gemocht
querer			
müssen	muss	musste	hat gemusst
tener que			
sollen	soll	sollte	hat gesollt
deber			
wollen	will	wollte	hat gewollt
querer			

Vocabulario

abrebotellas Flaschenöffner
abrelatas Dosenöffner (m)
abrigo Mantel
abril April (m)
abrir öffnen oefnen
abuelo/a Goßvater/mutter
accidente Unfall (m)
aceite Öl (n) oeoel
aceptar annehmen annéémen mindestens
acompañar begleiten beglaitenalmohada
adaptador Adapter (m)
aeropuerto Flughafen (m)
agosto August (m)
agotado/a ausverkauft
agradable angenehm
agradecer danken
agua Wasser (n) vaser
~ mineral Mineralwasser (n)
potable Trinkwasser (n)
ahora jetzt lletst
aire acondicionado
Klimaanlage (f)
albaricoque Aprikose (f)
albergue juvenil
Jugendherberge (f)
albornoz Bademantel (m)
alcohol Alkohol (m)
sin alcohol
alkoholfrei
alemán/ana Deutsche/r
Alemánia Deutschland (n)
alergia Alergie alèrguii (f)
algo etwas etvas

algodón
Baumwolle
alguno
jemand lléémand
algunos
einige ainigué
allá, allí dort
al menos
mindestens
almohada
Kopfkissen
alquilar
mieten, vermieten
alquiler Miete f
alquiler de coches
Autoverleih (m)
altavoz
Lautsprecher (m)
amable freundlich
amar lieben liiben
ambulancia
Krankenwagen m
año nuevo
Neujahr (n)
antigüedad
Antiquität (f)
anular annulieren
aparcamiento
Parkplatz (m)
aparcar parken
aperitivo Aperitif
apretar drücken
apropiado geeignet

94

aproximadamente ungefähr

aquél jener llééner

arena Sand m

architectura Architektur f

arroz Reis m

arte Kunst f

artificial künstlich

artista Künstler(in)

asado Braten m braaten

asado enrollado Rollbraten m

asador Bratspieβ m

ascensor Aufzug m

así so

asiento Sitzplatz m

atención Achtung!

atravesar überqueren

auténtico echt

autobús Autobus m

autopista Autobahn f

avión Flugzeug n

ayer gestern

ayuda Hilfe! h'ilfe

ayudar helfen h'èlfen

ayuntamiento Rathaus n

azúcar Zucker tsuker m

azul blau

B

bailar tanzen tantsen

bajar aussteigen

balcón Balkon m balkoon

bañero Bademeister

banco Bank f

bañarse baden

baño Bad

barato billig

barbacoa Grill m

barca Boot n

barco Schiff n

barco de vela Segelboot n

barra de labios Lippenstift m

batería Autobatterie f

bebida Getränk n

bicicleta Fahrrad n

billete Fahrkarte f

bolsa Tüte tyyte f

bolso Handtasche f

boca Mund m

botella Flasche f

bote de remos Ruderboot n

bote salvavidas Rettungsboot n

botón Knopf m

buscar suchen

buzón Briefkasten_

C

caballo Pferd n

cabeza Kopf m

cabina telefónica Telefonzelle

cada jede/r/s

caja Kasse ka-se f

caja de enfermedad Krankenkasse f

Krankenkasse f

caja fuerte Safe m

calcetín Socke f

calefacción Heizung f

calle Straße f

calle de sentido único Einbahnstraße f

Einbahnstraße f

calor Hitze f

cama Bett n

camara de fotos Fotoapparat m

Fotoapparat m

camarera Zimmermädchen f

Zimmermädchen f

camarero Kellner

cambiar tauschen, umsteigen umstaiguen

cambio Geldwechsel m

camisa Hemd h'emd n

Hemd h'emd n

campo de golf Golfplatz

Golfplatz

cancelar entwerten

canción Lied n

candela Kerze f

cansado müde

cara Gesicht n

caravana Wohnwagen m

carne Fleisch n flaish

carné de conducir Führerschein m

Führerschein m

carné de idendidad Personalausweis m

Personalausweis m

carniceria Metzgerei f

carta Brief, Speisekarte

casa Haus h'aus n

casi fast

casino Spielbank

caso de emergencia Notfall m nootfal

Notfall m nootfal

castillo Burg f Schloss

catedral Dom doom m

cementerio Friedhof m

cena Abendessen n

cenicero Aschenbecher m

Aschenbecher m

central mittlere/r/s

centro commercial Einkaufszentrum n

Einkaufszentrum n

cerca de nahe bei

cercano nah naa

cerdo Schweinefleisch

cerrar schließen

certificado Attest n

cerveza Bier n

chaqueta Jacke llake f

chico Junge llunge

chocolate Schokolade f

Schokolade f

cielo Himmel m

cigarillo Zigarette f

cine (Kino)film m

cinturo Gürtel guyrtel

circuito Rundfahrt f

cita Termin m

ciudad Stadt f

coche Auto n

coche cama Schlafwagen m

Schlafwagen m

96

coche de literas
Liegewagen m
cocina Küche kyje f
cocinar kochen
colchón Matratze f
colchoneta
Luftmatratze f
colega Kollege(in)
color Farbe f
comedor Speisesaal m
comer essen èsen
comida Mittagessen n
compartimento Abteil n
compra Kauf m
comprar kaufen
compresa Damenbinde f
concierto Konzert n
confirmar bestätigen
con frecuenzia oft
con gas
Kohlensäurehaltig
conocer kennen
consigna
Gepäckaufbewahrung f
contemplar betrachten
contener enthalten
contrato Vertrag m
controlar kontrollieren
convent Kloster n
corazón Herz n h'èrts
cordero Lamm n
correo aéreo Luftpost f
correspondenciaAnschluss
corriente Strömung f
cortar schneiden shnaiden

costa Küste f
costar kosten
crema Sahne f
crema solar
Sonnencreme f
crudo/a roh roo
cruze Kreuzung f
cruzero Kreuzfahrt f
cuadro Bild n
cuarto Viertel n
cubierto Gedeck n
cubo Eimer m
cubo de basura
Mülleimer m
cuenta Rechnung f
cuchara Löffel m
cucharita de té
Teelöffel m
cuchillo Messer m
cuerpo Körper m
cumpleaños
Geburtstag m
curso Kurs m
D
daño Schaden m
dar geben guèben
deber schulden
decir sagen saguen
decisión Entscheidung
dedo Finger m
dejar lassen
deletrear
buchstabieren
demasiado zu viel
dentifrico Zahnpasta f

97

dentista Zahnarzt m
dentro de innerhalb
denunciar anzeigen
derecho geradeaus
desayuno Frühstück n
describir beschreiben
descuento Rabatt m
desear wünschen
despedir verabschieden
despertar wecken véken
desviación Umleitung f
detrás de hinter h'inter
día Tag taag m
día de fiesta Feiertag m
día lavorable Werktag m
diarrea Durchfall m
diciembre Dezember m
diente Zahn m
dieta Diät f
diferente verschieden
dinero Geld guèld n
dirección
Adresse f, Richtung f
directo direkt dirèkt
discoteca Diskothek f
distancia Entfernung f
dolor Schmerz shmèrts m
domingo Sonntag m
dormir schlafen
ducha Dusche dushe f
durar dauern
E
edad Alter n
eléctrico elektrisch
embajada Botschaft f

embarcadero
Anlegestelle f
empezar beginnen
en alguna parte
irgendwo
enchufe Steckdose f
encontrar treffen
finden
encuentro Treffen
enero Januar m
enfermedad Krankheit
enfermo/a krank
enfrente de gegenüber
en lugar de statt
ensalada Salat m
ensalada de frutas
Obstsalat m
en seguida sofort
entender verstehen
entrada Eingang m
Eintrittskarte/-preis
enviar schicken
equipaje Gepäck n
equipo Mannschaft f
error Fehler m
escalera Treppe f
escalera mecánica
Rolltreppe f
escalope Schnitzel n
escaparate
Schaufenster n
escoba Besen bèsen m
escribir schreiben
escultor Bildhauer m
escultura Bildhauerei f

espalda Rücken ryken m
esparadrapo Pflaster m
especia Gewürz guévyrts n
esperar warten varten
esposo Ehemann m
esposa Ehefrau f
esquí de fondo
Langlauf m
estación Bahnhof m
estar sein sain
estar en pie stehen
estar sentado sitzen
esta, este, esto diese/r/s
estación Bahnhof m
estación del año
Jahreszeit f
estación terminal
Endstation f
estancia Aufenthalt m
este Osten osten m
estilo Stil stiil m
estómago Magen m
estrecho eng, schmal
estupendo prächtig
excursión en bicicleta
Radtour f
explicar erklären
exposición Ausstellung f
expresión Ausdruck m
extranjero Ausland n
F
factor de protección solar
Lichtschutzfaktor
lijtshuts-faktor m

falda Rock m
faltar fehlen
familia Familie f
farmacia Apotheke f
febrero Februar m
fecha Datum n
fecha de nacimiento
Geburtsdatum n
felicitación
Glückwunsch m
feliz glücklich
feria Messe mèse f
ferry Fähre fèère f
fiesta Fest n
fin Ende énde n
firma Unterschrift f
firmar unterschreiben
flor Blume bluume f
forma Form f
fotografia Foto n
freno Bremse f
fresa Erdbeere f
fresco Fresco frèsko n
frito gebraten
frontera Grenze f
fruta Obst n
fuego Feuer foier n
fuente Brunnen m
fumador Raucher
fumar rauchen
funcionar
fuktionieren
funicular
Seilbahn
sail-baan f

G

gafas Brille brile f
galería Galerie f
galleta Keks m
ganar gewinnen
gasóleo Diesel-Benzin n
gasolina Benzin n
gasolinera Tankstelle f
gastar ausgeben
gente Leute loite (pl)
goma Gummi m
gota Tropfen m
gramo Gramm n
grandes almacenes
Kaufhaus n
grasa Fett n
grifo Wasserhahn m
grupo Gruppe f
guía turístico
Reiseführer m
guardarropa Garderobe f
guarnición Beilage f
gustar gefallen,schmecken

H

haber haben h'aaben
habitación Zimmer n
habitación doble
Doppelzimmer n
habitación individual
Einzelzimmer n
habitante Einwohner m
hablar sprechen shprèjen
hacer machen majen
hacer camping
zelten tsèlten

hacer una radiografia
röntgen roentguen
hambre Hunger m
hongo Pilz m
hora Stunde f
horas de apertura
Öffnungszeiten (pl)
heladería Eisdiele f
helado Speiseeis n
helicóptero
Hubschrauber m
hermana Schwester f
hermano Bruder m
hielo Eis n
hija Tochter f
hijo Sohn m
historia Geschichte f
hombre Mann m
horario Fahrplan m
hospital
Krankenhaus n
hostería Gasthaus n
hotel Hotel n
hoy heute h'oite
hueso Knochen m
huevo Ei n
huevo duro
hartes Ei
huevo pasado por aqua
weiches Ei vaijes ai

I

ida y vuelta hin und
zurück h'iin tsuryk
igual gleich glaich
igualmente gleichfalls

100

impermeable
Regenmantel m
importante wichtig vijtig
importe Betrag bétraag m
incluido inbegriffen
infección Infektion f
información Auskunft
informar benachrichtigen
informarse sich informieren
inicio Anfang m
inscripción Anmeldung f
insecto Insekt n
interesar interessieren
intèrprete Dolmetscher m
invierno Winter m
invitar einladen ainlaaden
ir fahren faaren
gehen guéen
isla Insel f

J

jabón Seife saife f
jamón Schinken shinken
jamón en rollo Rollschinken
jardin Garten m
jefe de cocina Küchenchef
jojero Juwelier lluveliir m
juego Spiel shpiil n
jueves Donnerstag m
jugar spielen shpiilen
junio Juni lluunii m
julio Juli lluulii m

K

kilómetro Kilometer m
kiosco
Zeitungskiosk m

L

labio Lippe f
lago See séé m
lámpara Lampe f
lancha motora
Motorboot
lata Konservendose f
lavabo Waschbecken
lavar waschen
laxante Abführmittel n
leche Milch f
leer lesen lèèsen
levantarse aufstehen
libreria Buchhandlung
libro Buch buuj n
licor Likör likoeoer m
limón Zitrone tsitroone
limonada Limonade f
limpiar reinigen
limpio sauber
liquidaciónAusverkauf
liquido Flüssigkeit f
lista Liste f
liste fertig fèrtig
litro Liter m
llamar holen h'oolen
llamarse heißen haisen
llave Schlüssel shlysel
llegada Ankunft f
llegar ankommen
llenar ausfüllen
lleno voll
llevar bringen
tragen
llover regnen règnen

lluvia Regen rèèguen
lugar Ort m
luna Mond moond m
lunes Montag m
luz Licht lijt n
M
madre Mutter f
magnifico herrlich h'èrlij
maleta Koffer m
mañana Morgen morguen
mano Hand h'and f
manta Bettdecke f
mantequilla Butter f
manzana Apfel m
mapa Landkarte f
maquinilla de afeitar
Rasierapparat m
mar Meer méér n
marea alta Flut fluut f
marisco Meeresfrüchte pl
marroquinería Lederwaren
martes Dienstag diinstaag
mMarzo März mèrts m
más mehr méér
material Material n
mayo Mai m
mecánico Mechaniker m
mechero Feuerzeug n
media Strumpf m
medianoche Mitternacht f
media pensión Halbpension
médica ärztin èèrtztin
medicamento Medikament
médico Arzt m
medio Mitte f

mediodía Mittag m
medir messen
melocotón Pfirsich
menos minus
mensaje Nachricht f
mercadillo Flohmarkt
mercado Markt m
mermelada Marmelade
mes Monat m
metro Meter m U-bahn
miel Honig h'oonig m
miércoles Mittwoch m
mínimo Minimum n
mirada Blick m
mitad Hälfte h'èlfte
mixto gemischt
mochila rucksack m
moda Mode f
molestar stören
momento Moment
moneda Münze f
monedero Geldbörse f
montaña Berg bèèrg m
guía de montaña
Bergführer m
morder beißen
mosquito Mücke f
mostrar zeigen
moto Motorrad n
motor Motor m
mover bewegen
móvil Handy n
mujer Frau f
muro Mauer f
músculo Muskel f

museo Mu<u>se</u>um n
N
nacido ge<u>bo</u>ren
<u>nacionalidad</u> Nationali<u>tät</u>
<u>nada</u> nichts
nadar <u>schwim</u>men
<u>naranja</u> Orange ora<u>sche</u>
nariz Nase <u>naa</u>se f
<u>navegar a vela</u> <u>segeln</u>
<u>necesario</u> nötig <u>noeoe</u>tig
<u>necesitar</u> <u>brau</u>chen
neumático <u>Rei</u>fen m
niebla Nebel <u>nèè</u>bel m
<u>nieve</u> Schnee shnéé m
<u>niño</u> Kind n
<u>no</u> nicht
<u>noche</u> Nacht najt f
nombre Name <u>naa</u>me m
<u>norte</u> Norden m
novela Roman rom<u>aan</u> m
novio Ge<u>lieb</u>ter m
noviembre No<u>vem</u>ber m
nuez Walnuss <u>vaal</u>nus f
<u>número</u> Zahl tsaal f
<u>nunca</u> nie nii
<u>nuve</u> Wolke <u>vol</u>ke f
O
objeto <u>Gegen</u>stand m
octubre Ok<u>to</u>ber m
ocuparse sich be<u>schäf</u>tigen
<u>oficina</u> Büro by<u>roo</u> n
<u>oficina de correos</u>
<u>Post</u>amt n
<u>oficina de turismo</u>
<u>Frem</u>denverkehrsamt n

ofrecer <u>an</u>bieten
<u>oír</u> hören h'oeoeren
ojo Auge <u>augue</u> n
<u>olvidar</u> ver<u>ges</u>sen
ópera <u>O</u>per f
operación Opera<u>tion</u> f
óptico <u>O</u>ptiker m
oro Gold n
otoño Herbst
<u>otro/a</u> <u>an</u>dere/r7s
P
paciente Pati<u>ent</u> m
<u>padre</u> Vater <u>faa</u>ter m
padres <u>El</u>tern pl
<u>pagar</u> zahlen <u>tsaa</u>len
país Land n
<u>palabra</u> Wort n
<u>palacio</u> Pa<u>last</u> m
<u>pan</u> Brot broot n
<u>panadería</u> Bäcke<u>rei</u> f
panecillo <u>Bröt</u>chen n
pantalón Hose h'oose f
pañuelo Taschentuch n
papel Papier papiir n
papel higiénico
Toilettenpapier n
par Paar n
<u>parada</u> <u>Hal</u>testelle f
<u>parada de autobús</u>
Bushaltestelle f
<u>paraguas</u> <u>Re</u>genschirm
parapente
Gleitschirmfliegen
<u>parar</u> anhalten
<u>parasol</u> <u>Son</u>nenschirm

parque Park m
parquímetro Parkuhr f
parte Teil tail m
pasaporte Pass m
pasar verbringen
Pascua Ostern n
pastas Teigwaren pl
pastel Kuchen m
pastelería Konditorei f
patata Kartoffel f
patín acuático Tretboot n
patinaje sobre hielo
Eislauf m
peaje Maut f
peatón/a Fußgänger/in
pediatra Kinderarzt m
pedir bitten, bestellen
peine Kamm m
película Film m
película en color
Farbfilm m
película para diapositivas
Diafilm m
peligro Gefahr f
peligroso gefährlich
peluquero Friseur m
pelo Haar n
pensar denken
pensión Pension f
perder verlieren
perdonar entschuldigen
periódico Zeitung f
permitir erlauben
persona Person f
perro Hund h'und m

pertenecer gehören
pescado Fisch fish m
pescar angeln
picadura de insecto
Insektenstich m
picante scharf
pie Fuß m
piel Haut f
pila Batterie f
píldora Pille f
pimienta Pfeffer
pintar malen
pintor Maler m
pintura Malerei f
piscina Schwimmbad
piso Stockwerk n
pista de fondo Loipe f
plan Plan m
planchar bügeln
planear planen
plano de la ciudad
Stadtplan m
planta Pflanze f
plato Teller, Gericht
playa Strand m
plaza Platz m
plomo Blei n
sin plomo bleifrei
poco wenig véénig
poder können, dürfen
policía Polizei f
pollo Hähnchen n
poner setzen, legen
por ciento Prozent n
por desgracia leider

por favor bitte
por expreso
durch Eilbote
por la noche nachts
portero Portier m
posible möglich
postal Postkarte f
postigo Fensterladen m
postre Nachtisch m
precio Preis m
preferir vorziehen
prefijo Vorwahl f
pregunta Frage fraague f
preguntar fragen
presentar vorstellen
prestar verleihen
primavera Frühling m
primo /a Cousin/e
prisa Eile f
prismáticos Fernglas n
privado privat
probar probieren
procurar besorgen
profesión Beruf m
profundo tief
programa Programm n
prohibir verbieten
pronunciar aussprechen
pronto bald
prospecto Prospekt m
próximo nächster
pueblo Dorf n
puente Brücke f
puerta Tür f
puerto Hafen m

puntual pünktlich
puro rein
Q
que als
quedarse bleiben
querer lieben, wollen
queso Käse kèèse m
quizas vielleicht
R
ración Portion f
razón Grund m
recepsión Rezeption f
receta Rezept rétzèpt n
recibir bekommen
recibo Quittung f
reclamación
Beanstandung f
reclamar
reklamieren
recomendar
empfehlen
redondo rund
regalo Geschenk
región Gegend f
reir lachen
reloj Uhr uur f
reparición
Reperatur f
reparar reparieren
repetir wiederholen
reserva Reservierung
reservar reservieren
respirar atmen
responder antworten
restaurante Restaurant

retirar abheben
retraso Verspätung f
revista Zeitschrift
río Fluss m
robar stehlen stèèlen
robo Diebstahl m
rodaja Scheibe f
rojo/a rot
romper brechen brèjen
ropa Bekleidung f
rosa Rose f
roto/a kaput
ruidoso laut
S
sábado Samstag m
sábana Bettlaken n
saber wissen visen
sacacorchos
Korkenzieher m
sacar fotografieren
sal Salz n
salchicha Wurst f
salida
Abreise f, Ausgang m
salida de emergencia
Notausgang m
salir
abreisen, ausgehen
salmón Lachs laks m
salón de baile
Tanzlokal n
salsa Soße f
salud Gesundheit f prost
saludar grüßen
saludo Gruß gruus m

salvar retten
salvavidas
Rettungsring m
sangrar bluten
sangre Blut n
se man
sed Durst m
seguro Versicherung
seguro/a sicher
sello Briefmarke f
semana Woche f
sendero Fußpfad m
señor Herr m
señora Dame f
sentarse
sich hinsetzen
sentir
fühlen, bedauern
separado/a getrennt
septiembre September
ser sein sain
servicio
Bedienung f, Toilette f
servicio religioso
Gottesdienst
servilleta Serviette f
servir bedienen
siempre immer
siglo Jahrhundert n
significar bedeuten
silla Stuhl stuul m
sin ohne oone
sobre
Briefumschlag m
sol Sonne f

solo/a allein
sólo nur
soltero ledig leedig
sombra Schatten m
sombrero Hut huut m
sonar klingeln
sopa Suppe f
sorpresa Überraschung f
subir einsteigen
sucio schmutzig
suerte Glück
suficiente genug guenuug
sumergir tauchen taujen
super mercado
Supermarkt m
sur Süden syyden m
T
talla Größe f
taller Werkstatt f
también auch
tardar Zeit brauchen
tarde
Abend m, Nachmittag m
tarifa Gebühr f
tarjeta de crédito
Kreditkarte f
tarjeta telefónica
Telefonkarte f
tasca Kneipe f
taza Tasse f
teatro Theater m
tela Stoff m
telefonear telefonieren
teléfono Telefon n
telesilla Sessellift m

telesquí Skilift m
temporada Saison f
temporada alta
Hochsaison f
temporada baja
Nachsaison f
tenedor Gabel f
tener haben, halten
tener lugar
stattfinden
tener que müssen
tercio Drittel n
terminar beenden
termómetro
Fieberthermometer n
ternera Kalbfleisch n
tiempo Wetter, Zeit f
tienda Geschäft n
Zelt n
tienda de fotografia
Fotogeschäft n
tijeras Schere shèère f
timbre Türklingel f
tío Onkel m
tirar ziehen
toalla Handtuch n
tocar berühren
todavia noch
todo/a ganz, alles
tomar nehmen, trinken
tonto dumm
torre Turm m
tortilla Omelett n
trabajar arbeiten
traducir übersetzen

107

televisión Fernsehen n
traje Anzug antsuug m
tranquilo/a ruhig ruuig
transportar transportierenviernes Freitag m
tranvía Straßenbahn f
tratar behandeln
tren Zug tsuug m
tren expresso Schnellzug
trozo Stück styk n
tumbona Liegestuhl m
U
uña Fingernagel m
urgente dringend
usar benutzen
V
vainilla
Vanille f
vacaciones Ferien pl
válido gültig
vaso Trinkglas n
velocidad Geschwindigkeitvolar fliegen
vender verkaufen
venir kommen
venta Verkauf
venta de entradas
Kartenverkauf m
ventana Fenster n
ventanilla
Fahrkartenschalter m
ventilador Ventilator m
ver sehen
verano Sommer m
verdura Gemüse n
vestido Kleid klaid n
vez Mal n

traer (mit)bringen
viaje Reise raise f
viento Wind vind
viernes Freitag m
vinagre Essig m
vino Wein vain m
vino blanco
Weißwein m
vino tinto
Rotwein m
viña Weinberg m
violencia Gewalt
visa Visum n
visita Besichtigung
visita guiada
Führung f
visitar besichtigen
vista Aussicht
viudo/a Witwe(r)
vivir leben, wohnen
volar fliegen
voltaje
Stromspannung f
volver zurückkehren
volver a ver
wiedersehen
voz Stimme f
vuelo Flug fluug m
vuelta Tour f
Rückkehr f
Rundreise f
Y
ya schon
Z
zumo Saft m

108